KB244404

공공복지

공공복지 – 공공철학에서 공공복지를 전망하다

초판 1쇄 찍은 날 · 2013년 8월 30일 | 펴낸 날 · 2013년 9월 5일
지은이 · 이나가키 히사가즈 | 옮긴이 · 성현창 | 펴낸이 · 김승태
등록번호 · 제2-1349호(1992. 3. 31) | 펴낸 곳 · 예영커뮤니케이션
주소 · (136-825) 서울시 성북구 성북1동 179-56 | 홈페이지 www.jeyoung.com
출판사업부 · T. (02)766-8931 F. (02)766-8934 e-mail: jeyoungedit@chol.com
출판유통사업부 · T. (02)766-7912 F. (02)766-8934 e-mail: jeyoung@chol.com

ISBN 89-85313-858-4(03330)

값 13.000원

KOUKYOUFUKUSHITOIU KOKOROMI
© HISAKAZU INAGAKI 2010
Originally published in Japan in 2010 by CHUOHOKI PUBLISHING Co.,Ltd.,TOKYO.
Korean translation rights arranged with CHUOHOKI PUBLISHING Co.,Ltd.,TOKYO, through TO-HAN CORPORATION, TOKYO and B&B AGENCY, SEOUL.

* 잘못 만들어진 책은 교환해 드립니다.
* 본 저작물의 한국어판 저작권은 **B&B Agency**를 통해 중앙법규출판과의 독점계약으로 예영커뮤니케이션에 있습니다. 저작권법에 의해 한국 내에서 보호를 받는 저작물이므로 무단전재와 무단복제를 금합니다.

이 도서의 국립중앙도서관 출판시도서목록(CIP)은 서지정보유통지원시스템 홈페이지(http://seoji.nl.go.kr)와 국가자료공동목록시스템(http://www.nl.go.kr/kolisnet)에서 이용하실 수 있습니다(CIP제어번호: CIP2013015966).

공공복지

이나가키 히사가즈 지음
성현창 옮김

예영커뮤니케이션

서문

　일본은 '경제대국'으로 국내총생산(GDP)은 세계 2위이다. 이것은 분명한 사실이다. 1억 2,000만 명의 인구가 살고 있는 나라이므로 국민총생산량이 많은 것은 당연하다. 예를 들면, 덴마크의 경우는 인구가 550만 명밖에 되지 않으므로 국내총생산을 지표로 취하면 일본과 비교도 할 수 없는 작은 나라이다. 그러나 복지국가로서의 충실도는 일본과 비교할 수가 없다.

　2008년 가을의 미국발 금융위기에서 시작된 경제위기는 일본의 사회보장 복지의 약점을 여실히 드러났다. '비정규직을 아무런 예고 없이 해고'해서 실업자가 바로 노숙자가 되는 사태는 선진복지국가에서는 찾아볼 수 없는 특징이다. 원래 일본의 사회보장은 GDP에 대한 총지출이 선진국 가운데에서 현저하게 낮은 것으로 유명했다(제1장 참조). 그래서 아무리 '경제대국'일지라도 복지소국이라는 것이 일본의 현실이다. 2009년 10월 20일, 정권교체 후에 취임한 나가츠마(長妻) 후생노동 장관은 국민의 빈곤층 비율을 나타내는 지표인 '상대적 빈곤율'이 2006년 시점에서 15.7%였다고 발표했다. 경제협력개발기구(OECD)가 보고한 2003년의 데이터에서는 14.9%로 나타났으므로(가맹국 30개국 가운데에서 네 번째로 높은 숫자. 덴마크는 5.3%), 비율이 높아지고 있다는 것이다.

그것뿐만 아니라 특히 주택, 실업대책, 아동수당과 교육보조 등 가족지급 등에 대한 보장이 EU(유럽연합) 여러 나라에 비해서 일본이 극히 빈약했다. 이 약점이 바로 '실업자는 곧 노숙자'라는 극단적 현실을 노골적으로 드러낸 것이다.

한편 개호(介護) 등의 사람을 돌보는 복지 분야의 인재는 상당히 부족하고, 개호직의 급여도 충분히 보장되어 있지 않다. 이래서는 아무리 보아도 바람직한 선진국이라고 말할 수 없다. 일본의 복지개혁은 제도면을 개선하기 이전에, 먼저 인간을 소중히 여기는 것에서 시작하여, 사회보장도 포함한 복지사상의 측면에서 근본적인 전환이 필요하다고 생각한다.

이 책은 복지사회를 이루기 위한 사상을 담고 있는 책이다. 필자는 일본의 이후의 복지에 대해서 완전히 새로운 접근을 전개하고, 이것을 공공복지라는 이름으로 부르고자 한다. 하토야마(鳩山) 신정권이 내건 "새로운 공공"에 기초한 복지이다. 실은 그 계기는 2000년의 사회복지 기초구조개혁(사회복지법개정), 이른바 "조치제도(행정이 결정)에서 계약제도(이용 당사자가 결정)로"라는 변천에 있다. 이 개혁은 복지의 정도라기보다도 복지를 지원하는 일본의 민주주의 의식의 모습에 있어서 극히 중요한 일이었다. 그럼에도 그 의미가 사회에 충분히 침투되지 못했다. 만약 이 점에 대한 이해가 불충분하다면, '새로운 공공'은 다만 '낡은 공공'으로 되돌아가고 말 것이다("낡은 공공"에 대해서는 163쪽 참조).

복지는 인간의 문제이다. 공공복지라는 말의 사용은 공공, 즉 '함께(共)'에 역점을 두고 있다(사람이 함께 살아가는, 함께 지원하는, 함께 돕는……). 그 주역은 지역에 살고 있는 인간 내지 커뮤니티 혹은 '이웃', 상부상조의 네트워

크와 연대라는 의미이다. 따라서 국가라는 거대한 장치는 배후로 물러난
다. 그런데 지금까지는 '복지국가'라는 개념이 강하여 복지는 국가가 담당
하는 것이라고 생각했다. 국가에 지나친 기대가 있었다. 국가가 결정한 법
률도 일률적이었다.

그러한 의미에서 이 책은 '국가적'이라는 말과 '공공적'이라는 말의 차이
를 상세하게 기술하고 있다. 그 후에 비로소 복지에서의 '국가'의 역할이 생
긴다. 종래의 국가에 의한 복지(조치복지)를 공복지라고 부른다면, 공공복지
라는 계약제도 하에서의 지역주권 그리고 영역주권(생활자 영역의 주권)의 복
지이다. 지금까지 '연금'과 '의료보험' 등에 대해서 복지의 공사믹스라는 말
이 사용되어 왔다. 이것을 더욱 철학으로 확대하여 공과 사의 중간에 공공
이라는 매개개념을 두어 복지를 재고하려는 것이다.

공공적인 일에 경제의 문제는 빠질 수 없다. 복지는 재원이 중요하므
로 경제 내지는 '자금의 흐름'을 어떻게 파악하는가는 중요하다. 시장경제
와 경제성장 그리고 국가의 세원(稅源)만으로 모든 것을 파악했던 시대에서
'함께 살아가는' '함께 지원하는' '함께 돕는' 경제, 연대경제, 우애경제와 같
은 것이 재검토되고 있다. 경제가 성장한다면 복지도 좋아진다는 것은 환
상이다.

시장경제는 '사'적 이익추구가 전제가 된다. 이익 재분배로서의 국가의
역할은 그 뒤의 일이다. 그러나 이후 '함께' 풍요롭게 되는 경제를 지향한다
면, 그것은 복지의 정신을 이해한 경제임에 틀림없다. 기업이 이익추구를
주로 한 시대에서 사회적 책임을 자각하는 시대로 탈피해 가는 것도 요구
된다. 특히 복지를 테마로 한 기업은 '사람'을 소중히 여기는 최전선에 있는
조직체이다. '사람을 케어하는 일'의 프로로서 기업모럴의 본연의 모습이
일반기업에 영향을 끼칠 거라는 기대가 있다.

이리하여 우애와 연대에 기초한 '공공복지'는 단순히 복지의 세계뿐만 아니라, 이후의 일본에서 살아가는 시민에게 긴요한 문제가 된다. 이제 이 책의 내용을 간단히 설명하겠다.

시작하는 글에서는 공공복지라는 새로운 접근방법의 골격을 기술한다.

제1장에서는 복지의 현시점의 문제를 탐색하고, 복지자본주의의 세 유형 내지는 네 유형의 의미를 서양의 기독교의 역사에서 그 자취를 밟아, 일본의 경우와 비교하면서 '계약제도'의 이후를 생각한다.

제2장은 케어워크와 개호를 지원하는 시민적 모럴의 이후의 모습을 탐색한다. 그것을 위해서 지금까지의 윤리학의 근본적인 전환을 제시한다.

제3장은 '공공'이라는 말과 개념을 처음에서부터 재고한다. 여태까지 일본에서의 공공철학의 연구 성과를 사용한다.

제4장은 '국가'에 대해서 정사(精査)하여 21세기의 복지에 대한 역할을 시사한다. 이에 따라서 지금까지 국가가 주도한 '복지국가론'이 아니라, 시민이 주도하는 '복지국가론'으로 이행해야할 이념이 명확하게 됨을 기대한다.

나가는 글은 그것을 시민과 행정의 협동에 의한 공공복지라는 개념으로 정리한다.

새로운 시도가 독자 여러분의 이후의 복지에 대한 구상에 자극이 되어, 자유 활달한 의논을 환기시킬 수 있으면 하는 것이 필자의 바람이다. 기탄 없는 비평을 부탁한다.

2010년 5월
이나가키 히사가즈

한국어판 서문

소자 초고령화(少子超高齡化) 사회의 도래, 이것이 이 책을 집필하게 된 동기 중에 하나이다. 이와 같은 시대에 대처하는 방법 중에 하나는 지금까지 '복지는 국가의 일'이라는 의식을 바꿀 필요가 있다. 물론 국가는 국민의 평화와 안전과 복지에 대해서 큰 책임을 갖고 있다. 그러나 일본의 복지 제도는 거기에 안주해 왔다. 시민 스스로가 좋은 복지사회를 창출하려는, 의식 있는 자립한 시민사회를 만들려는 기개가 결여되어 있었다. 그와 같은 기개를 갖춘 시민사회가 매우 미성숙하였다. 시민사회가 복지도 포함하는 좋은 사회(Good Society)를 구상하고, 국가는 그것을 보완해 가는 것이 성숙한 민주주의 사회이지만, 일본은 복지를 관료주의에 의존해 왔다. 이제는 그것을 개선할 시대에 접어들고 있다.

필자는 일본의 공공철학 운동에 참가해 왔기 때문에, 종래의 사회복지와는 조금 다른 시점에서 복지사회를 창출해 갈 필요성을 느꼈다. 나는 그것을 공공복지라고 부르고 있다. 공공철학을 복지에 적용한 것이 공공복지라

는 말이다. 공공복지는 다음과 같이 네 가지 기둥으로 이루어진다.[1]

> 목적―시민의 행복과 활사개공(活私開公, 당사자를 원조하고 제도에 매
>
> 　　개한다)
>
> 대상―사회의 복지적 사상(事象, 원조를 필요로 하는 사람들)
>
> 주체(담당자)―당사자와 복지의 실천자(공·사·공공)
>
> 방법―영역주권론과 케어의 윤리(정의의 윤리와 대립)

한국에도 동일하게 소자 초고령화(少子超高齡化) 문제가 야기되고 있다. 개호(介護)보험의 도입 등 이미 충분히 기능하고 있을까. 그것에 비해서 시민사회의 준비는 어떨까. 복지를 담당하려는 시민 의식은 어떨까. 이 책이 이들 여러 문제에 어떤 힌트를 제공할 수 있다면 다행이다.

　번역을 담당해 준 벗, 성현창 교수에게 마음으로부터 감사의 말을 전하고 싶다.

2013년 8월

이나가키 히사가즈

1　자세한 내용은 https://sites.google.com/site/publicwelfareportal/를 참고하길 바란다.

　少子超高齢化社会の到来、これが本書執筆の動機の一つである。そのような時代に対処するにはこれまでの「福祉は国家の仕事」という意識を改める必要がある。もちろん国家には国民の平和と安全と福祉に対して大きな責任がある。しかし、日本の福祉制度はそれに安住してきた。市民自らがよい福祉社会を創ろう、モラルある自立した市民社会を創ろうとの気概に欠けていた。そのような気概をもった市民社会が極めて未成熟であった。市民社会が福祉をも含むよい社会（good society）を構想し、国家はそれを補っていく、それが成熟した民主主義社会であるが、日本は福祉を官僚主導に依存してきた。それを改める時代に入っている。

　筆者は日本の公共哲学運動に参加してきたので、従来の社会福祉とは少し異なる視点から福祉社会を創っていく必要性を感じてきた。それを公共福祉と呼んでいる。公共哲学を福祉に適用したのが公共福祉という言葉である。公共福祉は三つの柱からできている。

目的＝市民の幸福と活私開公（当事者を援助し制度に媒介する）

対象＝社会の福祉的事象（援助を必要とする人々）

主体（担い手）＝当事者と福祉の実践者（公、私、公共）

方法＝領域主権論とケアの倫理　（/　正義の倫理）

(https://sites. google. com/site/publicwelfareportal/)

　韓国にも同じ少子超高齢化問題が生じている。介護保険の導入な
どすでに十分に機能しているであろうか。それに対して市民社会の
備えはどうであろうか。福祉を担おうとの市民モラルはどうであろ
うか。本書がそれらの諸問題に何らかのヒントを与えるものであれ
ば幸いである。
　翻訳の労を担われた友人、成賢昌教授に心からの感謝を申し上げ
たい。

二〇一三年八月。

稲垣久和

목차

공공복지라는 시도

의료와 생활

처음부터 대소변 이야기를 해서 미안하지만, 필자가 개호(介護)에 관련하여 읽은 책 가운데 강렬한 인상을 남긴 한 문장을 먼저 제시하겠다.

> 배설은 전신의 자세와 동작을 배경으로 하고, 신경기구의 공동(共働)에 의해서 일어난다.[1]

배설, 즉 배변과 배뇨라는 일상생활에서의 당연한 일을 "신경기구의 공동"이라는 약간 놀라운 말로 표현하고 있다. 막상 들여다보니 그런 것 같다. 생리현상은 모두 이와 같다. '공동'은 매우 함축된 단어이다. 일상적으로 습관화된 행위가 모두 "전신의 자세와 동작을 배경으로 하고 신경기구의 공동에 의해서 일어난다"는 말은 틀린 것이 아니다. '공동', 즉 '함께 움직이다'는 사회적 행위에서도 배제할 수 없는 중요한 용어이다.

1　竹內孝仁, 『醫療は「生活」に出會えるか』, 醫齒藥出版, 1995, 82쪽.

이와 같이 생리적으로 필연적인 행위가 병이 들면 없어지게 된다. 예를 들어, 요통을 경험하는 환자는 걷는다는 일상적이며 당연한 행동조차 어려워지는 경험을 한다.

그런데 고령자의 경우는 이야기가 전혀 다르다. 병이 들지 않아도 몸의 기능은 쇠약해진다. 고령자가 요양시설에 들어가 눕게 되면 바로 기저귀를 차는 것이 일상화된다. 이렇게 되면 '(대소변을) 가리지 못하게' 되어 배설 감각이 없어지게 된다. 그렇다면 배설 감각이 없어지는 것은, 대뇌의 전두엽 기능관련 신경세포가 손상을 당했기 때문인가? 아니면 '신경기구의 공동'을 잃게 된 병리현상 때문인가?

그러나 다케우치 다카히토(竹內孝仁)의사는 그렇지 않다고 말한다. 다케우치의 『의료는 생활에서 만날 수 있을까(醫療は「生活」に出會えるのか)』에는 '기저귀 안차기 전략'을 어떤 특별요양원에서 실시하여, 마침내 '기저귀 제로'까지 성공한 일이 기록되어 있다. 위의 한 문장은 사실 이 책에서 인용한 것이다.

이 책은 다케우치 의사가 1973년에 처음 특별요양원을 방문했을 때부터 시작된다. 자리에 누운 채 일어나지 못하는 노인에 대해서 복지사는 '욕창'을 예방하기 위해서 '2시간마다 자세 바꿔주기'를 성실하게 실행했다. 기저귀를 바꿔준 후에 피부의 청결에도 신경을 썼다. 그러나 현실에서는 '욕창'은 점점 커지고 깊어져 다른 부위로 퍼져 나갔다. '자리에 누운 채 일어나지 못함→기저귀→욕창→구축(拘縮)'의 악순환이었다. 결국 누워있는 환자의 자세를 바꿔주는 욕창예방은 '급성환자'에 대한 처방임을 알게 되었다. 급성이라는 것은, 즉 치료가 되면 바로 퇴원하는 환자를 일컫는다. 장기간 입원 생활하는 환자의 경우는 염두하지 않았다. 잠시 입원하는 것이라면 '2시간마다 자세 바꿔주기'도 그렇게 힘들지 않을 것이다.

다만 급성이라고 할지라도 앉게 하는 것이 가능하면 욕창은 생기지 않았다. 따라서 과감하게 앉은 자세를 취하게 하는, 즉 앉도록 해 보았다. 그렇게 하니 자세를 바꾸지 않아도 욕창은 생기지 않았다.

그래서 다케우치 의사의 주장은 이렇다.

> 특별요양원에 있는 소수의 간호원, 의사, 이학 요법사는 전문가로 불리고 있지만 한 꺼풀 벗기면 병원에 있는 전문가이고, 병원을 떠난 일상에서의 일은 알지 못한다. 의료는 생활과정에서 교류할 수 있을 만큼 장기적인 방법에 익숙하지 않았다.[2]

그리고 다음과 같이 말한다.

> 따라서 의료에서의 전문가도 완전히 무력한 존재가 되고, 교과서적 지식과 기술은 무참하게 무너져간다. 결론적으로 말하면, 생활과 사람의 일상에 참여하여 거기에서 발생하는 다양한 일에 대한 대답을, 현재의 의학과 간호학은 내리지 못하고 있다. 그렇다면 새로운 개념과 방법론을 발견해야만 했다.[3]

의학 전문가인 의사로부터 이러한 말이 나오는 것은 예삿일이 아니다.
특별요양원에서는 결국 앉은 자세(座位)에서 휠체어로 그리고 보행훈련을 거쳐 전원이 식당에 가서 식사를 하게 되었다고 한다. 침대에서 누운 채

---

2   竹內孝仁, 앞의 책, 13쪽.
3   竹內孝仁, 같은 책, 13쪽.

식사를 하는 상태에서 모두가 식당에서 이야기를 하면서 식사를 한다. 인간다운 생활이 돌아왔다. 커뮤니케이션이 회복된 것이다.

자리에 누운 상태에서는 배설기능이 약해지는 것은 당연한 일이다. 물건이나 물이 위에서 아래로 떨어지고 흘러가는 것은 중력 작용이다. 옆으로 누워 있는 것보다는 앉아 있는 편이 싸인 배설물은 아래로, 뇌에 자극신호를 보내어 배설행위를 쉽게 할 수 있다. 자리에 누운 상태에서는 이 자극도 둔해진다. '배설은 전신자세와 동작을 배경으로 한다'는 것은 이런 것을 의미한다. 잠깐의 훈련 후에, 결국에는 가고 싶을 때 스스로 화장실에 갈 수 있게 되고, 기저귀가 필요 없게 되는 것이다.

배설감각이 둔화되는 것은 감각능력의 "폐용증후군", 즉 사용하지 않아서 기능을 잃은 것이기 때문에 재활운동을 통해서 회복하는 것이다. 이것은 자연치유력을 이용한 재활이다. 그것은 '기저귀 안차기 전략'의 성공에서 얻은 경험이다. 이 과정에서 다케우치가 경험한 것은 지금까지의 의학지식은 일상생활의 일에는 거의 도움이 되지 않는다는 것이다. 다음은 그 반성의 말이다.

> 모든 것이 포함되고, 상호 복잡한 구조 가운데에서 통합되어, 하나의 정리된 것으로 성립하는 '생활'은, 그 복잡함 때문에 굶주림과 병에 위협당하기 쉽다. 의학은 그 가운데에서 병을 '끄집어내어', 그것을 치료한 것으로 소우주의 질서를 회복하려고 했다.[4]

"생활의 복잡함"은 함축이 있는 말이다.

---

4 竹內孝仁, 같은 책, 57쪽.

위의 에피소드에서 얻을 수 있는 지혜는 풍요로운 실천철학을 부여해 준다. 의학은 순수과학이다. 과학은 '전체에서 어떤 부분을 끄집어내어 상세하게 분석하는 것'에 특징이 있다. 생활이라는 전체에서 '병이라는 부분만을 끄집어내는' 것이다. 그러므로 의학은 생물과학의 비약적인 발전을 발판으로 고도의 기술 도입을 포함해서 발전해 왔다. 이것이 인류의 생명유지를 위해서 해 온 역할로, 이는 설명할 필요가 없을 만큼 명확할 것이다. 다만 과학으로는 전체를 이야기할 수 없다. 일상생활은 부분이 아니고, 그 자신이 날마다 살아가는 삶의 전체이기 때문이다.

따라서 과학으로서의 의학은 그 상태로는 일상에서 유리되어 있는 것도 사실이다. 무릇 과학이란, 일상의 생활영역에서 이탈한 추상적인 세계에서의 이론구성이다. 따라서 의사가 의학에서 얻은 추상적인 과학적 지식을 구체적인 환자의 일상생활의 한 순간, 한 순간에서 발증(發症)하는 증상에 적용하는 데는, 환자와 의사 사이에서의 밀접한 의견교환, 즉 의료행위가 필요하다. 의료행위를 거쳐 의학적 지식은 환자의 증상에 적용된다. 따라서 의학과 생활 사이에는 처음에 큰 간격이 생기고, 이것을 메우는 것이 의료이다.

의학은 원래 사람의 생활상에서 일어나는 병을 치료하기 위한 학문으로 발전한 것이다. 그런데 의학이 과학으로서 자립하는 과정에서 살아 있는 사람 그 자체를 망각했다. 사실은,

생활→의료→의학

의 흐름이 존재하지만 실제로는 그렇지 않다. 의학이 생활로부터 벗어나서 연구되고 있다. 극단적으로 말하면 환부라는 부분을 보고, 사람이라는 전

체를 보지 않는 그런 의학이 되었다.

생활이 강고한 제도에 에워싸이다

이와 같은 생활과 의학의 유리(遊離)라는 현상은, 필자가 복지와 사회과학의 문제를 탐색하고 있을 때에 많은 영감과 시사를 주었다. 복지와 사회과학 사이에도 비슷한 유리의 현상이 있기 때문이다. 문제는 의학과 사회과학 그 자체라기보다도 과학의 근간이 되는 사고, 즉 넓은 의미에서의 철학의 문제이다. 그리고 생각해 보면 그와 같은 반성을 거친 철학은 학파로 말하면 현상학이 될 것이다.

'생활'이라는 말은 현상학의 시조인 훗설에 의하면 "생활세계(*Lebenswelt*)"라는 전문철학용어로 요약된다. "생활세계"란 사람들이 살아가고 있는 그

용어해설

훗설의 현상학

훗설(Edmund Husserl, 1859-1938)은 독일의 유대교 철학자이며, 저서로는 『논리연구(論理研究, *Logische Untersuchungen*)』, 『순수 현상학과 현상학적 철학을 위한 이념들에 대한 후기(*Nachwort zu meinen "Ideen zu einer reinen Phänomenologie und phänomenologischen Philosophie"*)』, 『유럽 학문의 위기와 초월론적 현상학(*Die Krisis der europäischen Wissenschaften und die transzendentale Phänomenologie*)』 등이 있고, 현상학 운동을 주도했다. 제창이 되는 에포케(판단중지), 노에마-노에시스(지각의 대상적 계기-작용적 계기), 생활세계, 상호주관성 등의 개념은 먼저 셰러, 하이데거, 사르트르, 메를로 퐁티에 계승되어, 더욱 정신의학, 사회학, 언어학 등 인간제과학 전반에 깊이 영향을 끼쳤다. 객관적 세계의 내부과정으로 보는 자연주의적 전제를 배제하고, 어디까지나 의식에 부여된 현상과 그 구조의 기술만이 지향된다. 특히 실증주의적 과학에 있어서 전제가 되는 것은 자연적 세계의 수학적 구성에 따라 인간의 있는 그대로의 생활세계가 은폐되기 때문에 에포케가 필요하다고 주장한다.

대로의 세계이다. 그리고 "생활세계"는 필자가 관련하고 있는 공공철학에서도 키워드의 하나이다. 일상에 있어서도 생활세계는 동서양을 상관하지 않고 가장 기본개념이다. 서양에서도 아시아에서도 남미에서도 사람들에게는 생활세계가 있을 것이다. 그런데 특히 선진제국에서 이 '생활세계'가 무너지고 있다.

이른바 '근대화'라는 흐름에서, 사람과 사람과의 관계, 만남의 세계, 인정의 세계가 상실되고 있다. 생활의 장이 과학적 방법, 합리적 방법으로 대치되어 왔다. 합리적인 세계에서는 '효율'을 중시하고, 무엇이든지 수치로 대치되었다. '수치목표'는 다양한 분야에서 도입되어 이해하기 쉽게 되었고, 조직 운영상에서도 불가결한 사고가 된다. 그러나 이것이 일상의 생활세계와 조화를 이룬다고는 말할 수 없다.

또 다른 합리적인 방법은 법률에 의해서 일률적으로 속박하는 방식을 산출한다. 대체로 조직된 세계는 '제도'에 얽히게 된다. 다른 말로 표현하면, '생활세계'가 극히 강고한 '제도세계'와 대비된다.

오늘날 '제도세계'는 글로벌하게 권력과 화폐, 과학기술의 힘으로 특징지어지고, 이 '제도세계'에 의해서 사람들의 '생활세계'는 현저하게 침식되고 있다. 이대로 가면 사람들의 생활세계를 파국으로 내몰릴 것이다.

결국 그때가 오고 말았다. 실제로 '제도세계'의 상징과 같은 미국 뉴욕의 쌍둥이 빌딩이 무너진 것이다. 그것이 테러행위로 굉음과 함께 붕괴할 때부터 세계는 전쟁 가운데에 휩싸였다. 또 칠년 후, '금융공학'에 놀아난 월가의 탐욕스러운 투기행위가 소리를 내면서 파탄했다. 그로부터 세계는 동시불황에 빠지고 말았다. 일본에서도 많은 노숙자가 생겼고, 사람들의 '생활세계'를 파탄하고 말았다.

'생활세계'와 '제도세계'의 거리는 너무나도 크고, 현대인에게 엄청난 스

트레스를 주고 있다. 그럼 이 '제도세계'의 전형인 '권력'과 '화폐', '과학기술'
의 너무나도 과잉(過剩)한 힘, 이것을 만회하기 위해서는 도대체 어떻게 하
면 좋은가?

거기에는 '생활'에 뿌리를 내린 주체적인 시민, 자각한 시민이 일어날 수
밖에 없다고 하는 것이 필자의 생각이다.

그런 이유로 '생활'이라는 일상의 말에 함축된 뉘앙스는 철학적으로 극
히 중요하다. 우리들은 어떻게 해서 인간다운 '생활세계'를 회복할 수 있는
가? 이와 같은 생활세계에서 외부의 '세계'로 어떻게 의미를 발견하며 행복
한 사회를 건설해 갈 것인가? 이 이론과 실천은 필자가 추구해 온 "공공철
학"이다. 이 공공철학에 기초한 복지의 본연의 모습이 필자가 주장하는 "공
공복지"이다. 이제부터 그것을 위한 인식론을 제시하고자 한다.

생활세계의 회복으로

전문철학의 레벨에서 말하면, 1930년경에 주창된 현상학은 유럽대륙철
학의 역사에서는, 훗설의 제자인 하이데거(Heidegger)와 가다머(Gadamer)에
의해서 해석학으로 발전해 왔다. 필자는 '생활세계의 회복'을 위한 철학을
창발적(創發的) 해석학이라는 이름으로 부르고 있다. 그것은 주체의식이 세

용어해설

ICF

International Classification of Functioning Disability and Health(생활기능, 장애, 건강의
국제분류)를 줄여서 ICF(국제생활기능분류)라고 부른다. 2001년에 WHO(세계보건기
구)의 총회에서 채택된 것으로, 1980년의 WHO ICIDH(국제장애분류)의 개정판이다.
ICF는 사람이 살아가는 포괄적인 세계 가운데에서 장애에 위치를 부여하고, 건강이란 단
순히 질병이 없다는 것이 아니라 '생활기능' 전체가 높은 수준에 있는 상태라는 건강관을
내세우고 있다(도표 1 참조).

계의 의미를 독해해 가는 인식론, 존재론을 가지고 타자와의 사이에서 끊임
없이 대화하면서, 케어하고 케어를 받음을 지향하는 윤리학을 갖고 있다.

'주체의식이 세계의 의미를 독해하다'라는 말의 의미는 어떤 것일까? 그
것을 '생활세계'와의 관계에서 간단히 설명하면 다음과 같다. 자세한 것은
제2장에서 설명하지만, 2001년에 WHO 총회에서 채택된 ICF(국제생활기
능분류)의 개념을 이용해서 기술하겠다.

도표 1 ICF(국제생활기능분류) 모델

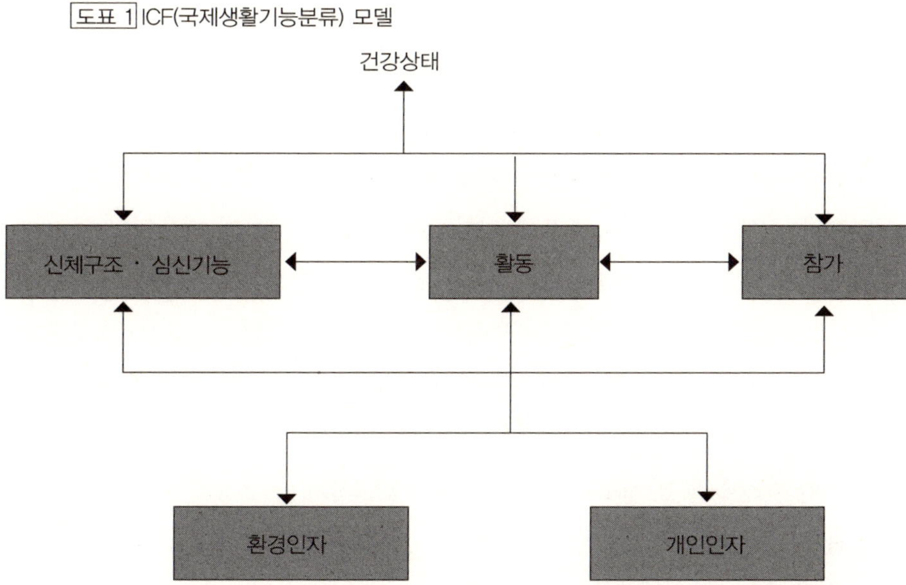

ICF는 인간의 모든 건강상태와 관련된 생활기능상태에서 그 사람을 둘
러싼 사회제도와 다양한 사회자원까지를 상세하게 분류하여 표현하려고
한 시도이다. 생활기능을 계층적으로 '신체구조·심신기능', '활동', '참가'의
구성요소 사이의 상호작용을 보고, 거기에 영향을 끼치는 '배경인자(환경인
자, 개인인자)'를 고려한다. 실제로 '분류'된 수는 1,500항목에 이른다(알파벳

숫자의 조합으로 항목을 분류하고 있음). 이 분류는 ICIDH(국제장애분류)의 개정판으로, 의료, 간호, 복지의 공통언어로 되어 있으므로, 재활과 개호에는 빠져서는 안 되는 분류이다.

지금 이 ICF의 사고의 큰 틀을 조금 수정하여, 철학으로서 '주체의식이 생활세계의 의미를 독해하는' 것에 응용하려고 한다. 즉 나는 세계를 의미의 세계로서 아래에서 '신체구조·심신기능', '활동', '참가'라는 계층구조로 독해하려 한다. 예를 들면 '기저귀 안차기'에 성공한 사례는 다음과 같이 설명할 수 있다.

어떤 사람이 기저귀를 착용하게 된 것은 '신체구조'가 변형한 것이 아니라, 누운 채로 있는 자세 때문에 일어났다. 그 자세가 전두엽의 신경기구에 대한 자극을 약화시켜 그 공동(共働)을 방해하여 '심신기능'을 저하시켰다. 그러나 '신체구조·심신기능'을 고려한 재활에 의해 기능이 회복되어 기저귀를 착용하지 않게 되면서, 그 사람의 '활동'은 화장실과 식당에도 자유롭게 갈 수 있을 만큼 그 반경이 넓어졌다. 상호대화가 회복되었다. 그것뿐만 아니라 이윽고 밖에서 바베큐에도 참가할 수 있는 상태로 사회회복도 하였다.

인간의 생활을 '신체구조·심신기능', '활동', '참가'의 구성요소 사이의 상호작용으로 파악함으로써, 전체적으로 생활세계에서 의미를 독해하는 구조를 부여할 수 있게 되었다.

실은 ICF에는 많은 '분류' 항목 가운데에 '활동과 참가'로 통합된 항목 하나에 '대화생활, 사회생활, 시민생활'이라는 항목이 있다. 거기에 "종교와 영성(b930)"이 포함되었다. 설명문에는 "자기실현을 위해서 종교적 혹은 영성적 활동, 조직화, 의례와 관여한 것, 의미와 종교적 혹은 영성적인 가치를 발견하는 것, 신적인 힘과 관계맺음을 확립하는 것"이라고 적혀있다. "예를 들면 교회, 사원, 모스크, 유대교 회당(Synagogue)에 출석, 기도, 종교적 목적을 위한 영창(詠唱), 정신적 묵상"이라고 기록되어 있다.[5]

또한 '환경인자' 가운데의 '생산품과 용구' 중에는 "종교와 영성 의식용의 생산품과 용구(e145)"라는 항목도 있다.[6] 이리하여 인간의 생활과 건강(well-being)에는 국제적 기준 가운데에 정신이 관계하는 것은 당연한 일이다. 이것이 세계기준이므로 일본만 그것을 강고하게 거부할 수 없다. 만약 그렇다면 세계의 조류에서 뒤떨어질지 모른다. 그러나 애석하게도 실제로 일본의 복지는 국가주도로 진행되어 왔기 때문에 법적 규제가 강하고 이대로는 세계의 조류가 말하는 '생활의 질'에서 뒤떨어져 있는 것이 현실이다.

그리고 이 정신을 고려한 국제생활기능분류와 "생활세계"에서 출발하는 현상학, 해석학의 접근은 매우 중요하다. 실제로 WHO의 건강개념이 그것을 명확히 보여주고 있다. 지금까지 "신체적, 심리적, 사회적으로 바람직한 상태(well-being)"라는 건강 정의가 내려졌다. 그러나 그 이후, 1999년의 WHO총회에서 "신체적, 심리적, 사회적, 영성적으로 바람직한 상태"로 확대되어 제안되었다(필자가 주장하는 4세계론 참조 제2장 도표 2-2참조). WHO의 각종문서는, ICF도 그렇지만, 이와 같이 건강을 정의하는 것이 일반적이 되었다. 영성적으로 바람직한 상태란 '살아가는 의미'가 부여된다는 것이다. 일본에서도 이 영향을 받아서 터미널 케어에 정신 케어가 도입되어, "영성 케어학과"를 개설한 불교계 대학도 생겼다. 정신 케어는 터미널 케어(말기암 등의 말기)뿐만 아니라, 자살자가 연속 12년에 거쳐 3만 명을 넘은 지금의 일본에서, 자살자 예비군과 유족을 포함하면 방대한 수의 사람들이

---

5   障害者福祉研究會編, 『ICF國際生活機能分類-國際障害分類改定版』, 中央法規出版, 2002, 166쪽.
6   障害者福祉研究會編, 같은 책, 175쪽.

이것을 필요로 함을 이해해야만 한다.

케어는 '신체구조·심신기능', '활동', '사회참가' 그리고 영성까지 미치고 있다. 이 시점에 서서, 복지학을 새롭게 "케어학"으로 전개하는 것이 필요하다. 이제 그것을 순차적으로 기술하고자 한다.

제1장

복지에 대해 생각하다

1. 일본의 복지—구조개혁의 행방

일본의 복지의 수준

복지(福祉)의 복(福)은 행복의 복, 지도, '신이 머무는 곳', 즉 '행복'을 의미한다. 복지는 일반적으로 행복을 만드는 것이다. 다만 인간은 혼자서 행복을 만들 수 없기 때문에, 서로 돕는 것이 중요하다. 특히 연약할 때에는 도움을 받고, 케어를 받는 것이 필요하다. 복지, 즉 어떠한 형태로든 케어를 받는 생활은 본래 가족과 지역공동체 가운데서 이루어졌다. 그것이 문명이 발달하면서 점차로 국가의 역할로 이행되었다. 전후의 선진제국에서는 복가국가론이 활발하게 논의되어, 복지의 정도에 대응한 원조기술론도 정밀하게 되었다. 전후의 일본의 복지도, 복지국가론이라는 위치를 부여하고 국가주도(조치제도)에서 시작했다. 이것은 당연히 복지의 의미가 관료조직 안에 편입됨을 의미한다. 그러나 그것이 복잡화된 지금의 시민의 현실 '생활'과 맞지 않게 되었다. 오늘날의 시민생활에는 약자뿐만 아니라, 대부분의 사람이 서로 케어를 필요로 한다.

케어학이라는 시점에서 보면, 의학에서 말할 수 있는 것은 유비적으로 복지학에서도 말할 수 있다. 즉 시작하는 글에서 지적한 "생활→의료→의학"에 대응해서,

생활→지역복지→복지학

의 흐름을 생각할 수 있다.

모두의 다케우치 의사의 "배설은 전신의 자세와 동작을 배경으로 하고 신경구조의 공동(共働)에 의해서 이루어진다"라는 문장의 표현을 빌려 설명해 보겠다. 배설이란 필요한 음식을 섭취한 후 체내에서 영양분을 흡수하고 노폐물을 체외로 내보내는 일종의 흐름의 개념이다. 따라서 사회의 동태구조, 특히 경제면에서의 돈의 흐름에도 응용할 수 있다. "전신의 자세와 동작"이란 복지로 말하면 사회적 자원, 인프라 정비이다. "신경구조의 공동"이란 바로 사람과 사람의 관계·협동, 조직과 조직의 협동이다. 특히 여기에서는 '사(私)'와 '공(公)'의 협동을 공공(公共)이라고 부른다면 바로 필자가 제창하는 공공복지와 이어진다. 즉 복지는 사회적 자원을 배경으로 하고 '사'와 '공'의 협동에 의해서 이루어진다.

지금 복지의 연구대상은 나라의 정책, 제도의 동향이라는 마이크 레벨에서 개별적인 원조의 형태와 기술이라는 마이크로 레벨까지의 범위를 갖고 있다. 복지학으로 불리는 학문이 있다고 한다면, 복지의 현상을 분석하는 것뿐 아니라 역사, 이념, 사상, 이론 방법의 연구까지 폭 넓은 범위에 거쳐 있다. 이와 같은 넓은 범위에 거친 연구대상의 어느 부분을 어떻게 끄집어내어, 어떠한 시각에서 추구하는가에 따라서 필요로 여겨지는 연구방법도

다양해진다. 『백과사전사회복지학(エンサイクロペデイア社會福祉學)』에 의하면 사회복지의 정의는 다음과 같다.

> 사회복지란 모든 국민에게 건강하고 문화적인 생활을 체계적으로 보장함을 목적으로 하는 사회보장 제도 안에서 직접적으로는 다양한 생활상의 장애와 관련하는 핸디캡을 가진 사람들―아동, 노인, 장애인, 모자가정, 부자가정 등―을 대상으로 하고, 생활상의 장애를 제거, 내지 경감하고, 인간으로서의 풍요로운 생활과 발달을 보장하기 위해서 이루어지는 조직적, 사회적인 원조 서비스의 체계이다.[1]

"사회보장 제도 안에서"라는 것은 바로 '제도세계'를 배경으로 현대의 복지가 성립한다는 의미이다. 따라서 '생활세계'와 다툼이 반드시 있고, 그 점은 주의해야만 한다. 이와 같이 복지학은 부정할 것도 없이 제도세계의 다양한 학문성과를 받아들이고, 때로는 섹셔널리즘(sectionalism) 때문에 각 학문에 대해서도 '생활세계'의 '인간의 행복'이라는 시점에서 의문을 던지는 성격을 갖고 있다.

그럼 공공복지란 무엇인가? 먼저 '공'과 '사', '공공'의 구별을 여기에서 간단히 기술해 두고자 한다. 가정에서 고령자를 케어하고, 가족이 장애인과 함께 생활하는 것은 복지 가운데에서도 '사'적 복지라고 부를 수 있다. 문명 초기에는 거의 모든 지역에서 그러하였다. 그것에 비해서 공적 기관이 모든 것을 담당하는 복지, 즉 공적인 시설 내에서의 공무원에 의한 케어, 이것은 '공'적 복지이다. 즉 정부나 행정만이 행하는 경우가 공적 복지이다. 이

---

1 仲村優一 ほか監修, 『エンサイクロペデイア社會福祉學』, 中央法規出版, 2007, 28쪽.

둘은 '사'와 '공', 사적 복지와 공적 복지의 양극단이지만, 이념형으로는 있을 수 있다.

그러나 여기에서 문제로 삼으려는 것은 그 중간에 위치하는 복지이며, '함께'하는 복지로, 이것을 '공공'복지로 부르고 싶다. 즉 시설내의 케어일지라도, 그것이 사와 공, 민간과 행정에 의해서 협동으로 이루어지는 경우, 또 지역을 베이스로 한 지역복지일지라도 그것이 가족이나 주민, 공동체 내지 '이웃'과 행정이 협동해서 실시되는 경우, 이것은 공공복지이다.

그렇다면 오늘날 대부분의 경우가 공공복지로서 실시되고 있는 것은 아닐까? 그리고 이것이 당연한 형태가 아닌가? 따라서 공공복지는 사회병리학보다도 사회생리학 가운데에서 성립되어야 한다.

다만 그것이 현대사회라는 강고한 '제도세계'에서 비대화된 '권력'과 '화폐', '과학기술' 가운데에서는 확실하게 보이질 않는다. 또한 케어의 실천에서 곤란을 초래한다. 본래의 사회생리학, 즉 '신경기구의 공동'인 '사람과 사람과의 관계와 네트워크'가 상실되었기 때문이다. 이것은 인간사회라는 레벨에서는 병에 걸린 상태이며, 따라서 재활에 의해서 회복할 필요가 있다. 사회적 재활이 필요하다. 이 책은 그것을 학문화하여 근본에서부터 재고하려고 한다.

그럼 현재 일본의 사회보장 제도는 어느 정도의 레벨에 있을까. 자주 제도체계로서는 이미 유럽 복지국가와 동일하게 정비되었다고들 한다. 그러나 실제로 보장내용과 지급수준은 아직 OECD 가맹국 중에 하위에 머물고 있다(도표 1-1).

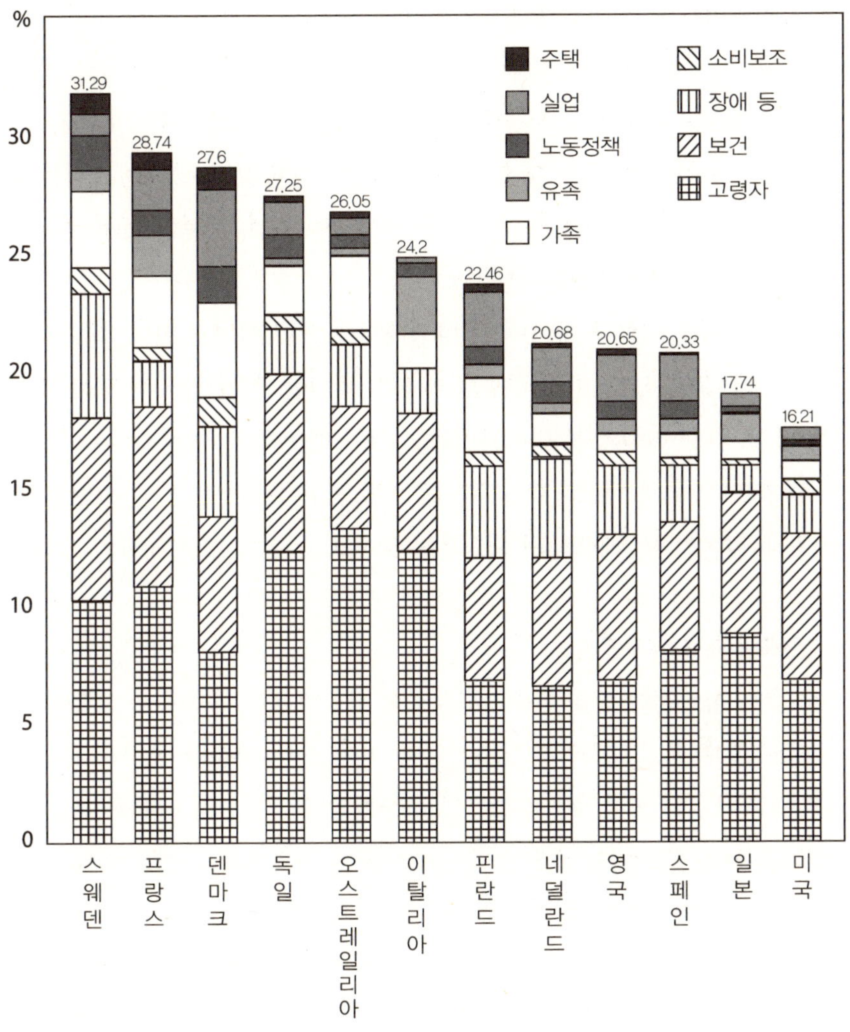

주 1: 그래프 상의 숫자는 GDP에 대한 지출비율

  2: 배열은 상기 순

자료: OECD SOCX 2007데이터에서 작성

출전: 仲村優一 이외 감수, 『エンサイクロペディア社會福祉學』, 中央法規出版, 2007, 9쪽.

예를 들면, OECD가 발표한 데이터에는 2003년의 GDP에 대한 국가의 사회서비스 지출 비율에서 일본은 11위에 올라 있다. 열거해 보면 스웨덴(31.29%), 프랑스(28.74%), 덴마크, 독일, 오스트레일리아, 이탈리아, 핀란드, 네덜란드, 영국에 이어 스페인(20.33%), 일본(17.74%), 미국(16.21%) 순이다. 또 그 내역은 예를 들면 스웨덴에서는 고령자(연금)와 보건(의료)에 55%이며, 장애인, 소득보조, 가족보조 등에 45%이다. 일본은 고령자와 보건에 80%를 자치하고 있는 실정이다.

그러나 실은 이와 같이 숫자만 나열해서는 거의 의미가 없다. 왜냐하면 미국은 국가의 사회서비스 지출의 비율은 낮지만, 민간의 교회 등이 풀뿌리적으로 민중 레벨의 복지에 관련하고 있기 때문이다. 즉 국가(공) 의존이 아니라 민간, 즉 시민(공공)의 힘이 큰 것이다. 일본에서도 이후 시민의 힘을 더욱 일구는 노력이 필요하다.

전후일본의 복지변천

일본이 불안전한 상태에서도 복지국가적인 행보를 시작할 수 있었던 출발점은 1947년 발포한 일본 헌법이었다. 제25조의 "생존권, 국가의 사회적 사명", 즉 "① 모든 국민은 건강하게 문화적인 최저한도의 생활을 보낼 권리를 갖는다, ② 국가는 모든 생활면에 대해서 사회복지, 사회보장 및 공중위생의 향상 및 증진에 노력해야 한다"라는 내용이다.

전후의 사회복지관계제법은 빈곤문제를 중심으로 한 복지삼법체제(생활보호법, 아동복지법, 신체장애인복지법)에서 출발한다. 그리고 1960년대의 복지육법체제(복지삼법에 더해서 지적장애인복지법, 노인복지법, 모자 및 과부복지법)로 정비되었다.

1960년대 초에는 국민개보험, 개연금체제가 생겼다. 1973년에는 연금의 월수입 6% 수준 확보, 의료의 가족지급률 상승과 고액 요양비 창설 등이 있어, 복지의 원년이라고까지 불렸다. 이대로 간다면 일본도 유럽과 같은 고복지가 된다고 생각했다. 그러나 같은 해에 오일쇼크가 일어나면서 경제성장에 어두운 그늘이 보였고, 결국 1990년에 버블경제도 붕괴하면서 고복지에 이르지 못한 채 중복지에 머물고 말았다. 현재에는 중복지조차 위험하게 되었다.

사회복지 제도도 남성이 종신고용으로 가족을 부양함을 전제로 한 소득 재분배가 중심이었다. 즉 실업, 질병, 퇴직 등의 리스크가 발생할 때에 사회보장을 통해서 현금을 지급한다는 내용이다. 따라서 아동교육, 고령자 개호 등은 보통 주부의 무상서비스에 의존했다. 그리고 이 사태는 산업구조의 변화, 여성의 사회참여, 핵가족화, 소자 고령화(少子高齡化), 기능부전가족(機能不全家族)이 증가하는 시대에는 전혀 어울리지 않는다.

그리고 지금은 종신고용의 유동화, 비정규직의 증대, 빈부격차 사회의 도래, 후기 고령자 의료제도의 도입, 의사부족, 연금문제의 불안한 미래, 초고령 사회의 도래 등, 불안한 요소가 산적한 나라가 되어 버렸다. 2009년 9월의 전후 처음으로 본격적 '정권교체'에 의해서 이것이 어떻게 수복되는지 예단할 수 없다.

한편 전후 일본의 사회복지 역사에서, 2000년의 사회복지 기초구조개혁(사회복지법 개정), 이른바 조치제도(행정이 결정)에서 계약제도(이용당사자가 결정)로의 변천은 복지 제도라기보다도 복지를 지탱하는 민주주의 의식의 모습에 있어서 극히 중요한 사건이었다. 시민은 행정주도의 복지 정책에 더 이상 의지하지 않게 되었다. 이것은 법률면의 개정에서 일어났다.

1960년대의 복지육법체제에서 1980년대에 그것을 재점검할 시기로 진입하고, 2000년을 경계로 사회복지 기초구조개혁으로 불릴 만큼 거대한 개혁에 이른다. 2000년 4월에 고령자복지 분야에서 개호보험법이 실시되어, 5월에 "사회복지 증진을 위한 사회복지 사업법 등의 일부를 개정하는 등의 법률"이 성립하고, 사회복지 사업법이 "사회복지법"으로 제명 개정되었다.

사회복지법 제2조에는 사회복지 사업을" ① 제1종 사회복지 사업(주로 입소시설)과 ② 제2종 사회복지 사업(주로 통소[通所] 재택서비스)"으로 분류하지만, 이 둘에서 '조치'에서 '계약'으로라는 사고의 변화가 일어났다.

중앙사회복지심의회 사회복지 구조개혁분과회의의 "사회복지 기초구조 개혁에 대해서(중간 정리, 1998년 6월)" 및 "사회복지 기초개혁을 진행함에 있어서(추가의견, 1998년 10월)"에서는 사회복지의 본연의 모습을 '조치'에서 '계약'으로의 대전환을 도모해야 한다며, 지역에서의 일상적 생활원조 활동의 본격적 전개를 강하게 기대했다. 이른바 지역복지의 중시이다.

그 방향에 따라서 현재 지역주민에 의한 지역주민의 지원이라는 "지역밀착형의 민간비영리복지 활동"의 모색, 시행착오적 실천이 지역의 사회복지 협의회와 각종 NPO, 협동조합, 주민상조조직, 민간기업의 참가 등에 의해서 널리 확산되고 있다. 종래의 수동적인 소득보장중심의 제도에서 전환하여, 스스로 참가하고 연대하는 가운데에서 사회의 안전, 안심을 이루어 가는 시대가 되었다. 이른바 시민의 자원봉사자 정신과 자치능력이 문제가 되는 시대로 접어들었다.

예를 들면, 복지육법의 대부분의 영역에서 '조치'에서 '계약'으로 이행하고 있는데, 일반적으로 가장 잘 알려진 것은 개호보험법에 의한 고령자 개호 현장이다(이에 대한 철학적 의미를 3절에서 상술한다). 지금까지 정도가 가벼운 고령자 개호는 가족영역이었다. 그러나 가족형태의 변화로 '개호의 사회화'가 일반화되었다. 이 분야에서의 민간복지 활동의 활성화는 사회복지법 성립에 특필해야 할 의의라고 말할 수 있다.

왜냐하면 지금까지 수동적인 공적 복지에 대한 민간복지, '민간의 힘'에 대한 시민적 의식의 변혁을 동반하지 않으면 안 되기 때문이다. 다만 개호보험은 그 후의 개정에서 예산 사정에 따라 개호의 보수가 낮아져서 민간의 상부상조의 정도를 늘리지 않으면 안 되었다. 왜 개호가 '세금'이 아니라 '보험'과 '계약'으로 이루어지는가 하는 의미를 시민 스스로 생각해야 한다.

민간복지라 할지라도 그 형태는 여러 가지이다. 소위 복지다원주의라고 말할 수 있는 상태에서 주식회사도 참입하고 있다. 자세하게는 '민간위탁, 보조형', '공사공동 파트너형', '법정민간활동형', '민간비영리형', '민간영리형', '셀프헬프형' 등으로 유형화되어 있다. 어쨌든 일방적인 '정부에게 맡기는 것'에서 탈각한 것 그리고 적어도 '바람직한 삶의 방식'의 자기설계를 우리 시민 측이 연마해 가는 시대에 접어들었다. 더욱 지방분권이 진행됨에 따라 그것이 가능케 되었지만 아직 분권이 매우 불충분하다. 이후의 지역

기관위임 사무, 자치 사무

법률용어. 기관위임 사무란 1999년의 지방자치법 개정에 의해서 폐지된 사무. 국가 이외의 지방공공단체, 다른 공공단체의 사무로 법률 또는 이것에 기초한 정령에 따라서 지방공공단체의 장과 그 이외의 집행기관에 위임된 사무를 말한다. 이 사무의 집행에 있어서는 도도부현지사(都道府縣知事) 및 시정촌장(市町村長) 등 지방공공단체의 기관이 주무장관과의 관계에서 지휘감독관계에 처해 있었다. 이 제도는 중앙집권체제를 상징하는 제도로 여겨져 이전의 기관위임사무는 폐지되고, 국가의 직접집행 사무, 법정수탁 사무, 자치 사무로 다시 분류되었다. 다만 자치 사무라는 개념에는 적극인 정의는 없고, 지방공공단체가 처리하는 사무 가운데 법정수탁 사무(호적 사무 등) 이외의 것으로 간주한다. 자치 사무에 있어서는 국가의 관여가 적어서 자치체가 법령을 위반하지 않는 한 자유롭게 시책을 실시할 수 있다. 1999년의 개정 전은 도도부현(都道府縣)에서 그 비율이 기관위임 사무 8할, 자치 사무가 2할이었지만, 개정 후는 그것이 역전되었다.

주권의 본격적인 정치개혁이 기대되는 바이다.

개호보험이 도입된 해에 지방분권 일괄법(지방분권의 추진을 도모하기 위한 관계 법률의 정비 등에 관한 법률)도 시행되었다. 여기에서 중앙정부가 결정한 것을 지방정부에 집행시키는 구조인 기관위임 사무가 폐지되고, 개호보험은 자치사무가 되었던 것이다. 지방자치체 그리고 주민이 스스로 선택한 삶의 방식과 복지가 깊이 관계를 맺게 되었다. 지역사회의 복지 만들기는 주민의 네트워크 만들기 등의 시민활동과 많이 연동시킬 필요가 있다. '활동'과 '사회참가'라는 적극적인 행동(dynamism)이 더욱 요구된다.

지방자치체와 주민이 자치를 행하는 데는 분권과 동시에 재원도 철저하게 확보되어야 한다. 그런 이후에 자치를 행하는 시간적 여유, 즉 노동에 모든 에너지와 시간을 쏟아내지 않는 생활 스타일의 확보가 필요하다. 이른바 워크·라이프·밸런스(work life balance)라는 과제이다.

'생활'과 '일'을 매개하는 '활동'

민주주의란 무엇일까? 단순하게 '국민주권'이라는 교과서적인 회답으로는 더 이상 대답이 되지 않는다. 그것은 단순히 국민투표로 대표자를 뽑는 제도가 아니다. 민주주의는 시민이 시민을 돌볼 수 있는 제도이다. 시민 한 사람 한 사람에게 자기단련을 요구하고, 타자를 돌볼 수 있는 모럴을 요구하는 사회이다.

이 돌봄은 먼저 노동 현장에서 이루어져야만 한다. 즉, 안정된 고용조건, 최저임금제도 도입 등으로 이루어져야 한다. 그리고 이와 같은 노동시장의 사회보장과 동시에 이제부터는 사람들을 노동시장 밖으로 관심을 갖도록 하는 정책도 또한 중요하다. 이것을 남녀공동참가, 육아와 일의 양립 등의 장면에서 자주 사용되는 워크·라이프·밸런스(work life balance)라는 말로 불려도 좋을 것이다.

　노동시장(work)에 많은 에너지가 소비되어, 참된 삶(생명·생활·생존)을 충족하는 것이 곤란한 일본의 경제사회의 현상이 있다. 더욱 지금은 노동하고 있지만 생활할 수 없는 워킹 푸어(working poor)가 늘어나고 있다. 이것을 시민의 힘으로 개선하지 않고서는 민주주의는 성숙되지 않는다. 따라서 남녀를 불문하고 워크·라이프·밸런스가 중요한 과제가 된다.

　지금까지 공과 공공을 구별한다고 할 때, 주로 공(행정, 관, 오카미[お上])과 공공(시민)을 구별함을 논의해 왔다(제3장에서 상세히 기술한다). 그러나 지금 글로벌 시장 시대에서는 경제활동은 간단히 국경을 넘어 멸사봉공(滅私奉公)의 '공'이 나라가 아니라, 기업, 회사에 상당하는 면이 매우 많다. 많은 봉급생활자에게 있어서 '공(오카미[お上])'은 회사이다. 더욱 무엇보다도 세계 제일의 장시간 노동, 과로사를 초래할 만큼의 멸사봉공의 모습이 일본에 있음을 무시할 수 없다. 단위 인구당의 최고 자살률도 최근의 가장 큰 문제이다. 생활시간의 대부분을 노동시장에 뺏기고 있다. 이와 같은 상황 가운데에 멸사봉공이 아니라 '활사개공(活私開公: 사를 살리고 공을 개화해 간다)'으

용어해설

워크·라이프·밸런스(work life balance)

'일과 생활과 조화'라는 의미를 가진 이것의 내용은 시민의 한 사람, 한 사람이 생활을 의미 있는 것으로 충실케 하고, 일에도 보람과 책임을 갖고 동시에 가정과 지역, 다양한 시민그룹에 소속하면서 육아 시기, 청소년 시기라는 인생의 각 단계에 응해서 다양한 삶의 방식을 선택할 수 있으며 실현가능함을 일컫는다. 일본에서는 소자화 대책과 남녀공동 참가의 문맥에서 이야기되는 경우가 많다. 정책으로서의 출생률의 향상과 남녀의 기회균등뿐만 아니라 노동형태, 노동시간, 정규직, 비정규직 등의 개혁도 일컫는다. 2007년에는 정부, 지방공공단체, 경제계, 노동계의 합의에 의해서 "워크·라이프·밸런스 헌장"이 책정되어, 현재 관민이 협력하여 작업을 진행하고 있다.

로 변화해 가기 위해서 어떻게 하면 좋을까.

워크(일)도 라이프(생활)도 인간에게 있어서 중요한 의미를 가짐은 말할 필요가 없다. 시장은 일할 기회를 줌과 동시에 사람들의 라이프를 풍요롭게 하므로 필요한 것이다. 그러나 '생활의 가치' 등 시장화에 익숙하지 않은 것까지 시장화(상품화)되어 가는 것에 오늘날의 큰 문제가 있다. '노동력'은 상품이 아니고 일에는 '일의 보람', '사는 보람'이라는 살아가는 의미가 포함되어 있기 때문이다.

워크(일)와 라이프(생활)의 양쪽의 의미를 존중하면서 더욱 워크 라이프 이원론이 아닌, 이 양쪽을 매개하는 영역이 있지 않을까. 이것을 활동(activity)이라고 부르기로 하자. 워크·라이프·밸런스가 아니라 워크와 라이프 사이에 활동을 두는 것이다. 생활과 일의 이원론이 아니라 생활과 일을 매개해 가는 '활동'이 필요하다는 의미이다. '신체구조·심신기능'과 '활동'과 '참가' 그리고 주로 '사회참가'이다.

현대인은 가정에서의 '생활'과 직장에서의 '생활'의 왕복 밖에 없다고 생각하는 경향이 있지만, 실은 그 '사이'에는 생활과 밀착된 주(住)환경이 있고, 우리들은 지역주민으로서의 일상생활도 누리고 있음을 망각해서는 안 된다. 일상의 장보기, 쓰레기 버리기를 비롯해서 아이들 보육, 학교, 친구관계, 휴일에 근처공원 등에서 교제, 자치회, 주민 돕기 자원봉사자 활동 등, 주민으로서의 활동, 이른바 시민활동의 현장이다. 필자가 생활세계와 자치능력이라는 말로 기술하고 싶은 것은 가정생활을 넘은 시민생활의 영역이다. 이 영역에서의 행위가 '활동' '참가'이다. 비유적으로 말하면 '일(공), 생활(사)의 이원론'이 아니라 '일(공), 생활(사), 활동·참가(공공)의 삼원론'이다.

'활동' 그리고 사회에로의 '참가', 그것이 생활의 행복감, 즉 넓은 의미에서의 '복지'로 이어진다. 복지에 대해서 이야기할 때 자주 북유럽형의 고복지 고부담을 예로 인용한다. 그러나 북유럽형은 행정서비스가 충족되어 있는 한편 남녀가 함께 생산현장 내지는 노동시장에 나가는 모델이고, 어쩌면 노동시장에 모든 에너지를 쏟아내는 삶의 모습으로 이어질 가능성이 있다. 특히 시민사회가 연약한 일본에서는 그렇게 될 경향이 있으므로 잘 생각할 필요가 있다.

오히려 '이웃과의 네트워크', 주민환경, 커뮤니티, 이것들을 의식적으로 만드는 것이 복지사회 형성으로 이어진다. 이후 일본의 '복지의 기초구조개혁'은 여기서부터 시작한다.

2. 근대 일본복지의 특징 그리고 그 이후

실은 북유럽뿐만 아니라 유럽과 미국의 복지의 모습은 과거의 기독교의 역사와 깊이 관계하고 있다. 따라서 워크·라이프·밸런스이든 일본에서 완성된 복지 제도만을 수입할지라도 기능하지 않는다는 것에 주의하고 싶다.

그럼 일본의 경우는 종교와 복지의 관계는 어떠했을까. 일본의 경우, 불교와 신도(神道)가 국가와 깊은 관계를 맺고 국교화된 시대는 있었지만, 그렇다고 해서 두 종교가 복지 제도의 본연의 모습을 규정했다고는 말하기 어렵다. 불교가 오랜 역사 위에 교기(行基), 쿠야(空也), 잇벤(一遍) 등을 통해서 민중의 복지에 기여한 것은 사실이지만, 오히려 에도시대의 막부통제, 메이지유신의 천황제와의 관계에서 '자혜적인' 복지, 즉 천황에 의한 복지 정책이 특정적이다.

메이지유신 이후, 1872년의 휼구규칙(恤救規則)이 이것을 명쾌하게 나타내고 있다. 이 규칙전문에는 본격적인 구제는 상부상조(인민상회[人民相互]의 정의[情誼]에 따른 것이지만, 그것이 불가능할 경우에만 국가에 의한 구제가 실시되었다고 한다. 복지는 천황의 관(官)이라는 중앙정부의 일로 여겨져 지방자치는 관여하지 않았다. 지방이 관여한다면 빈곤자가 많은 시대에 복지의 규모가 훨씬 커지기 때문이다(실제로는 영국 구빈법의 구제율에 비해서 두 자리 이상이나 낮은 구제였다).

천황을 직접적으로 민중과 관계를 맺는 '자혜'라는 유교적 덕치주의이고, 중간집단으로서의 자발적 그룹이나 주민자치의 발상은 육성하지 못했다. 메이지 초기, 자유민권운동이 일어났음에도 충분한 전개를 보이는 일은 없었다. 자유민권운동은 천황주권의 메이지 헌법 성립에 의해서 종식되었기 때문이다.

그리고 전후의 국가주도의 '복지국가' 시대를 거쳐서, 지금은 그 시대가 끝에 가까워져, 국민주권의 내실이 문제가 되고 있다. 1980년 이후의 글로벌 시장화에서 유럽과 미국 등, 선진국도 포함해서 복지 정책에 대한 재검토가 모색되고 있다. 예를 들면, 북유럽조차 고도의 공적 복지를 제공하면서도 '획일적인 서비스의 강요'라고 비판을 받고, 시민의 자유스러운 선택을 강요하면서 자기개혁을 하고 있다.

그러나 영국과 미국에서는 자유 시장에 복지를 지나치게 맡긴 나머지 빈곤층의 증대를 초래했다. 앤서니 기든스(Anthony Giddens)의 "제3의 길"은 1990년대에 들어서 영국의 블레아 전 노동당 정권이 채용한 것으로 북유럽형의 사회민주주의와 대처형의 자유주의 양쪽의 이점을 조합한 복지 정책이었다. 그것은 "가치의 평등, 기회균등, 자기책임, 커뮤니티"를 강조한다.

지금까지의 복지국가가 국가의 징세, 재분배를 통해서 익명의 상부상조를 실현하려고 한 것에 비해서, "제3의 길"은 재분배가 아니라 자조(自助)를 보완하는 데에서 정부의 기능을 찾았다.

이상의 내용을 바꾸어 말하면, '우애와 연대'의 시민사회의 형성이다. 일본에서는 유럽과 미국에 비해서 시민사회가 너무나 취약하므로 모습은 다르지만, 이후는 시민주권, 생활자의 필요(needs)에 부응한 영역주권을 통해서, 복지를 시민 스스로 이루는 것이 필요하게 된다는 것이다.

멸사봉공 타입과 그 귀결

에스핑 앤더슨(Esping Anderson)은 『복지자본주의의 세 가지 세계(福祉資本主義の三つの世界)』라는 책에서 많은 사회보장, 복지사회 연구자에게 영향을 끼쳤다. "일본어판 서문"에서 다음과 같이 언급하고 있다.

(보완성에 의하면) 국가의 역할은 가족이 자신들의 복지상의 필요를 충족시킬 서비스를 하는 것이 경제적으로 가능한 조건을 만들어내는 데에

제3의 길

영국의 사회학자 에스핑 앤더슨(Esping Anderson)의 『제3의 길(*The Third Way*)』의 출판에 의해서 유명해진 말. 또 1997년에 블레아 정권이 들어서면서 실제로 채택한 정책으로, 그 이전의 대처 정권이 채용한 우파의 신자유주의 노선, 이전의 노동당 정권의 사회민주주의적인 극진한 사회보장 노선을 비판하고, 자유주의의 '효율'과 사회민주주의의 '공정'을 동시에 추진한다는 정책이다. 1991년의 소련연방 붕괴로 사회주의가 무너지고 자유주의가 살아남아 시장주의가 전 세계에 널리 퍼졌다. 또한 생산주의적 산업구조 가운데에서 지구환경 문제도 중요한 초점이 되었음에도, 동서냉전 시대에는 두 진영의 정부도 이것을 충분히 다루질 못했다. 유럽에서는 환경시민단체가 정치력을 갖고 정권의 한 부분을 담당하게 되었다. 이러한 와중에 "제3의 길"은 시민단체, 자원봉사자, 지방자치체 등이 자치능력을 발휘하여 종래의 중앙관청에만 있었던 권한을 분산, 분권화하여 공공적인 문제를 담당하고, 시민사회의 불평등과 빈곤을 제거하려는 정책이다.

제한되어 있다. 따라서 복지국가의 중점은 남성의 벌이와 부양가족의 소득필요를 만족하도록 충분하게 관대한 소득이전을 실시한 것에 직면해 있다. 일본의 독자는 가톨릭의 보완성 원리를 쉽게 이해할 것이다.[2]

나중에 상술하지만 에스핑 앤더슨은 자유주의, 사회민주주의와 나란히 서유럽의 대륙형 보수주의를 유형화하고, 보수주의의 보완성으로 일본형 복지국가를 파악하려고 한다. 그러나 일본에서 국가와 가족과의 관계에 영향을 미친 것은 가톨릭 윤리가 아니라 유교 윤리이다. 적어도 전전(戰前)까지는 그렇다(가족국가관). 메이지 헌법 이듬해에 공표된 교육칙어에는 "신민은 부모에게 효도하고 형제간에 우애롭고 부부간에는 서로 조화를 이루고"라는 평판을 받았기 때문이다.

그러나 전후 40년이나 지난 1980년대까지의 일본에서 정말 '남성의 벌이와 그 부양가족의 소득필요를 만족하도록 충분하게 관용적인 소득이전을 하는' 것이 가능했던 가에 대해서는 의문이다.

또한 만약 가능했다고 할지라도 그것도 '전업주부의 희생 하에서'라면, 그것은 너무나도 일본적인 유교 윤리 때문이 아닐까. 전전은 천황제국가에 대한 멸사봉공, 전후는 남성은 사회에 대한 멸사봉공, 전업주부는 가정에 대한 멸사봉공이라는 도식이다. 공공철학 운동에서는 멸사봉공이 아니라 활사개공(사를 살리고 공을 개화한다)을 이끄는 실마리로서 시민적 공공성을 만들려고 한다.

그러나 실은 여기에서 전후 일본의 '남성의 벌이, 전업주부'라는 타입의

---

2 G·エスピン-アンデルセン, 岡澤憲芙ほか監譯, 『福祉資本主義の三つの世界-比較福祉國家の理論と動態』ミネルウ에 書房, 2001, 51쪽.

사회보장도, 겉으로는 비슷할지라도 서유럽의 '보수주의 모델'로는 충분하지 않은 것에 주의하고 싶다.

먼저 일본의 사회보장 시스템을 의논할 때에, 유럽과 미국을 모델로 하든, 북유럽도 미국형도 아니라 유럽대륙의 '보수주의 모델'에 가깝다고 분류하는 것 자체가 옳지 않다는 생각이다. 오히려 일본의 '멸사봉공'형으로 불릴 수 있는 독자의 타입에 속한다고 생각한다. 멸사봉공에서 활사개공으로 인간관을 전환하지 않는 한, 일본에서의 바람직한 복지사회는 실현되지 않는다고 봐야할 것이다.

분명히 1980년대까지 공무원과 대기업의 사원이 받은 고용보험과 사회보험은 숫자만을 보더라도 독일을 위시한 유럽보수주의에 보이는 현대적 코퍼러티즘(corporatism) 시스템과 거의 필적할 정도였다. 그러나 실은 이들은 전 노동력의 삼분의 일 정도밖에 되지 않는다. 중소기업의 사원과 대기업에서도 파트타임 등의 부정기 계약의 노동자, 거기에 자영업의 농업과 상점주인은 그와 같은 많은 액수의 사회지급을 받을 수 있는 입장에 있지 않았다. 이들 그룹에는 고용보험도 적고, 사회보장 프로그램에 따른 지급 금액도 적었다.

극진한 사회보장에 의해서 국민 전원―더욱 말하면 노동자 전원―에게 바로 보장을 주는 것은 아니었다. 일본 정부는 오히려 간접적인 형태로 관여하는 것이 전부였다. 예를 들면, 주로 벌이를 하는 남성사원의 일자리를 확보하고, 사원에게 극진한 사회보장을 받도록 대기업을 지원하고, 다른 한편에서 규칙과 무역보호정책에 의해서 중소기업의 종업원과 농업에 종사하는 사람들을 보호했다. 전후 경제를 지탱한 호송선단(護送船團) 방식의 내용이란 이런 것이었다.

국가가 비용을 부담하는 것이 아니라 일부 대기업에서는 기업 스스로 사내 보육원를 설치하는 등, 1980년대에는 전형적인 극진한 기업복지 프로그램이 존재했다. 그것은 종업원 5,000명 이상의 기업에서 급여액의 21%에 이르렀다고 한다. 그런데 그것과는 대조적으로 중소기업에서는 그와 같은 혜택을 사원에게 줄 수가 없어서 이들 노동자는 국가가 바로 공급하는 자유주의적—잔여적 프로그램(최소한의 사회보장)에 의한 아주 적은 지급에 의존할 수밖에 없었다. 그리고 지금은 기업복지는 붕괴하고, 국가의 잔여적 복지도 자멸하여 결국 양극적으로 격차사회가 확산되었다.

미국인 레오나드 쇼파(Leonard Schoppa)의 『마지막 사회주의 나라 일본의 고투(「最後の社會主義國」日本の苦鬪)』라는 흥미로운 제목의 책이 있고, 그 원제는 『출구로의 쇄도(出口への殺到)』이다. 이 책의 결론은 이렇다.

> 80년대까지의 '전후 일본의 성공'은 복지면에서 보면 가족 특히 전업주부의 희생적 정신 위에서 이루어졌다. 주부는 가족 살림을 혼자서 떠맡아 왔고, 일본의 기업은 종신고용제를 짊어져 왔다. 이 양자가 사회보장의 비용을 지불해 왔으므로 국가가 지불해야 할 비용은 적었다. 다만 세계화가 진행되면서 정세가 바뀌어 지금은 양자가 조용히 지금까지의 책무에서 '탈출'을 시작하고 있다. 여성은 결혼과 출산을 회피하기 시작했다. 기업은 높은 비용의 국내에서 해외로 진출하기 시작했다. '출구'로의 쇄도가 시작되었다.

'출구로부터의 탈출', 이것 역시 대담한 은유적 표현이지만, 말하고자 하는 것은 출생률의 저하는 여성이 '탈출'한 결과라는 것이다. 한편 기업이 국외로 '탈출'한다는 의론에 대해서 인건비 비용이라는 의미에서는 그렇지만 다른 면에서는 반대도 있다. '기업에게 있어서 생산성과 국내치안이 결정적이므로 단순하게 발전도상국에 거점을 이전하면 그만이라는 것이 아니다'라는 반론이다. 어쨌든 일본사회의 장래가 지금까지 체험한 적이 없는 위기에 빠진 것만은 틀림없다.

해결은?

일본은 일찍이 북유럽의 고복지 고부담을 경험한 적이 없고, 이후도 경험할 일은 없을 것이다. 정부나 관료기구에 대한 신뢰가 높지 않기 때문이다. 또한 미국형 시장중시형의 민간 복지를 경험한 적은 없어서, 이후도 그렇게는 되지 않을 것이다. 미국형의 시장지상주의는 2008년 가을의 리만 쇼크 이후, 그 신뢰도가 흔들리고 있다. 이후 일본은 어떻게 될까. 2009년 8월말의 총선거에 의한 정권교체가 과연 어떠한 형태로 활동을 개척할 것인가. 필자는 정치에 과도한 기대를 두는 것보다도 시민의 자각적인 '활동'과 '사회참가'를 중시해야 한다는 의견이다. '출구로부터의 탈출'이 아니라 정정당당하게 입구로부터의 '참가' 방향으로 전환을 생각해야 한다.

이후의 일본의 사회복지가 남녀공동 참가를 중심으로 나가야하는 것은 명백한 일이다. 워크·라이프·밸런스의 실현은 '생활과 일의 이원론'을 극복하여 '시민활동' 및 '시민참가'와 어떻게 관계를 맺을까가 큰 과제이다.

최근 기업에서도 육아휴직을 채택하고 있다. 다만 육아휴직과 개호휴가는 일본의 남성노동자에게는 거의 보급되어 있지 않다. 2006년의 조사에서는 과거 3년간 육아휴직 제도를 이용한 남성사원이 한 사람도 없는 기업이 전체의 80%라고 한다. 종업원 3,000명 이상의 기업 600개를 대상으로한 조사인데, 대상이 된 기업의 대부분이 육아휴직 제도를 도입하고 있음에도 남성의 이용은 늘지 않고 있다. 그 이유로는 "대체요원의 확보가 곤란(63%)", "남성자신이 육아휴직을 신청할 의식이 없다(48%)"를 들었다. 먼저

는 직장에서 살아남는 것이 선결이지 가정이 문제가 아니다라는 상황이라고 할 수 있다.[3]

또 다음과 같은 지적도 있다.

> 일본의 양립지원책은 일본 여성의 취업구조를 다음 두 가지에 입각하고 있지 않다. 첫째, 여성 고용자의 과반수 이상이 중소기업에서 일하고 있는 점, 둘째, 여성 고용자의 과반수 이상 비정규직이라는 점이다.……일본에서는 스웨덴의 양립지원책의 사례로서 육아휴직과 보육원의 정비만이 부분적으로 소개된다. 그러나 그것만으로는 스웨덴의 시책은 이해할 수 없다. 스웨덴은 "노동과 가사와 여가를 여성과 남성에게 평등하게"라는 생각이 정책의 기본에 있고, 어느 노동자라도 워크·라이프·밸런스를 위한 제도가 보장되고 있다.[4]

워크·라이프·밸런스를 지지하는 제도는 현재 극도로 빈한 상태이다. 최근 보육원 부족, 이른바 대기유아문제는 그 하나이다. 이후 이 방면에서의 시민운동이 '탈출'이 아니라 '참가'를 어떻게 산출할 것인가는 일본의 장래에 있어서 중요한 과제이다.

그러나 결코 비관적일 필요가 없다. 실제로 '여성의 삶의 모습'에서 활사개공이 성공한 예가 있기 때문이다. 실은 개호문제에서 여성은 '탈출'하지 않았다. 개호에 대해서는 '참가'에서 정치운동까지 일어나, 이윽고 개호보험법을 성립시켰다는 실적이 그것이다.

3　齊藤弥生,「女性環境の整備と福祉」, 岡澤憲芙·連合綜合生活開發研究所編,『福祉ガバナンス宣言-市場と國家を超えて』, 日本經濟評論社, 2007, 178쪽.
4　齊藤弥生, 위의 책, 187쪽.

(여성에 의한 노인문제 심포지엄 "여성의 자립과 늙음"을) 1983년에 조직한 여성그룹이 히구치 케이코(樋口惠子)를 대표자로 "고령사회를 잘 지내는 여성의 모임"을 결정했다. 1995년에는 사회복지부(후생성)의 요청에 의해서 히구치 대표 등이 개호보험 제도의 요강을 정하는 심의회에 참가했다. '이런 제도가 생기면 아내가 노인을 보살피는 일본의 미풍이 사라진다'고 한 보수적인 감각을 가진 정치가들을 허물어뜨리고, 개호보험법을 1997년에 성립시켰다.

그 시민파워는 이미 각지에서 노인 가족의 개호에 분투하는 여성들을 지원하는 조직의 후원을 받고 있었다. 예를 들면, "生活クラブ生協神奈川(생활그룹 생협시나가와)"는 2,314명의 회원이 참가하는 39개의 부분군(sub-group)에서 '방문개호, 통근개호, 식사배달, 고령장애인의 배웅과 마중' 등의 서비스를 이미 제공하고 있었다. 이러한 작업을 받아들임으로써 "생활그룹 생협시나가와"는 당시의 공적 지원에서 보인 많은 간격을 부각시키면서 '개호의 사회화'의 마땅히 있어야 할 모습의 모델을 제공했다. 각지의 생활협동조합이 이룩한 역할은 최근의 NPO와 함께 여전히 중요한 역할을 할 것이다.

이와 같이 여성시민그룹은 정부가 정책과제의 이해와 해결안에 머리를 맞대고 고민하는 단계에서 중요한 역할을 완수했다. 적극적으로 정부 당국자들을 붙잡고 자신들이 부담하고 있는 무거운 짐의 실태를 전달하려고 했다. 1990년대에 사회복지부(후생성)가 개호보험 제도의 새로운 조직에 대해서 검토하기 시작했을 때, 여성시민그룹은 관련하는 각종 심의회에 대표를 보내고, 여러 가지 대안을 제안하거나 논평을 하기도 했다. 그 일도 결실을 맺어 개호보험법은 2000년에 시행되었다.

3. 복지의 계약제도와 헌법정신

부담과 서비스

개호보험법의 성립은 조치제도에서 계약제도로의 구체적인 표현이었
다. 이 방식에 의한 '개호의 사회화'의 경위에서 배울 점이 많이 있다. 물론
이 이후의 개호보험법의 개정과 개호보수의 인하라는 문제점은 있지만, 그
렇다할지라도 시민의 '활동'과 '참가', '자치'는 이후의 일본을 변화시키는 관
건이 된다는 전례가 여기에 있다. 종래는 세금에 따라서 최저의 생활을 보
장할 때에, '보험'이라는 상호조직을 가진 의미를 생각해야만 한다.

복지에 대해서 높은 세금을 부담하고 정치와 관료(공무원)기구에 모든 것
을 통째로 맡길 것인가 아니면 시민이 스스로 참가해 시스템을 만들 것인
가 하는 분기점에 서 있다. 대저 오늘날의 일본과 같이 정치가와 관료에 대
한 신뢰도가 매우 취약한 사회에서(표 1-1 참조), 높은 세금을 부담하는 방향
으로 가는 것은 현실적이지 못하다.

시민은 한 가지 결단을 해야만 한다. 모든 것을 세금으로 부담할 것인가,
즉 공조(公助)인가 아니면 어떤 형태의 자조, 호저(互助), 공조(共助)의 방식
으로 할 것인가. 이 경우의 공조란 시민 사이에서의 상부상조라는 의미이
다. 필자는 시민이 먼저 자치와 삶의 영역주권을 발휘하여 행정과 협동하
는 시민사회를 지향하길 바란다. 이것을 공조에서 한 발 내딛어 행정과의
대등한 파트너십을 이루는 방향으로서, "공공복지"라고 부르고 싶다. 고복
지를 실시하기 위해서 부담은 피할 수 없지만 세금부담은 어느 정도 억제
하고 남은 부담금은 시민 스스로가 계획한 사업 자금을 마련해 주는 방향
이다. 이것은 경제시스템의 전환과도 관계하는 문제이다.

표 1-1	일본사회에 대한 낮은 신뢰도(低信賴社會日本)?			
	신뢰한다	어느 정도 신뢰한다	별로 신뢰하지 않는다	전혀 신뢰하지 않는다
가족	74	23	1	
일기예보	14	80	5	1
신문	17	74	7	1
과학기술	21	65	8	1
의사	16	67	13	2
재판	11	61	23	3
텔레비전	5	64	26	2
경찰	9	54	29	6
교사	6	54	31	6
종교	8	22	33	35
정치가	1	17	50	30
관료	1	17	45	35

자료 : 아사히신문(朝日新聞) 2008년 3월 21일 게재의 조사

높은 세금 부담에 의해서 공무원만을 늘리고, 공무원 월급을 거기에서 지불하면서 공적 서비스를 받을 것인가. 아니면 그 부담분을 상조조직, 협동조합, 공제조합 등을 세우면서 그 스태프의 급여로 돌려 자신들을 위한 공공서비스로서의 복지경제, 연대경제, 우애경제로 자금을 전환하여 행정과 협동할 것인가.

고복지는 누구나가 원하는 바이다. 필자는 세금의 부담은 중부담(中負擔)일지라도 남은 부담금은 시민 스스로 실시하는 복지에 사용한다는 의미에서 고복지를 유지할 수 있다고 생각한다. 고복지 중부담이 가능하며, 그것을 지향해야 한다.

이리하여 '부담과 서비스'의 관계는 시민의 민주주의 형성의 의욕과 깊

이 관계를 맺고 있다.

이미 기술했듯이 역사가 너무 달라서 북유럽형이 일본의 모델이 된다고는 필자는 생각하지 않지만, 일단 숫자만을 열거해 두겠다(표 1-2).

총인구가 900만 명인 스웨덴의 경우, 전통적으로 정권에 있어서 사회민주주의가 압도적으로 우세하며, 정책적으로는 큰 정부의 노선을 취하고, 국민도 이를 지지한다. 대표적인 고부담 고복지의 나라이다. 따라서 복지에 관해서는 공적 섹터가 자치하는 비율이 높고, 공적 섹터의 세출은 GDP 비율에 55%(일본에서는 30%), 소비의 27%(일본에서는 10%)이다. 의료, 복지, 교육이 주로 공적으로 운영되기 때문에 공무원의 비율은 전체 취업자의 약 30%(일본에서는 6%)에 미친다. 국내총생산에 대한 공적 부담률(세금 및 사회보장비)의 비율은 51.4%(일본에서는 27.3%)로 덴마크와 함께 세계 1위이다. 또 주요 국가의 고령화 비율의 동향은 도표 1-2에 기재한다.

표 1-2 스웨덴과 일본

	일본		스웨덴	
고령화 비율	19.5%	2004년	17.3%	2004년
고령화 비율이 7%에서 14%에 달하는 기간	24년		81년	
남성의 평균수명	78.4세	2003년	77.9세	2003년
여성의 평균수명	85.3세	2003년	82.4세	2003년
합계특수출생률	1.29	2004년	1.75	2004년
고령자와 자녀와의 동거율	47.8%	2003년	4.0%	1989년
여성의 노동력 비율(15-64세))	64.2%	2003년	75.4%	2003년
공적 부담률(국내 총생산비)	27.3%	2001년	51.4%	2001년
사회보험 지급 비율(대국내 총생산비)	16.9%	2001년	28.9%	2001년

자료: 사회복지부(후생성), Socialdepartementet, SCB, OECD
출전: 奥村芳孝, 『スウェーデンの高齢者·障害者ケア入門』, 筒井書房, 2005, 14쪽.

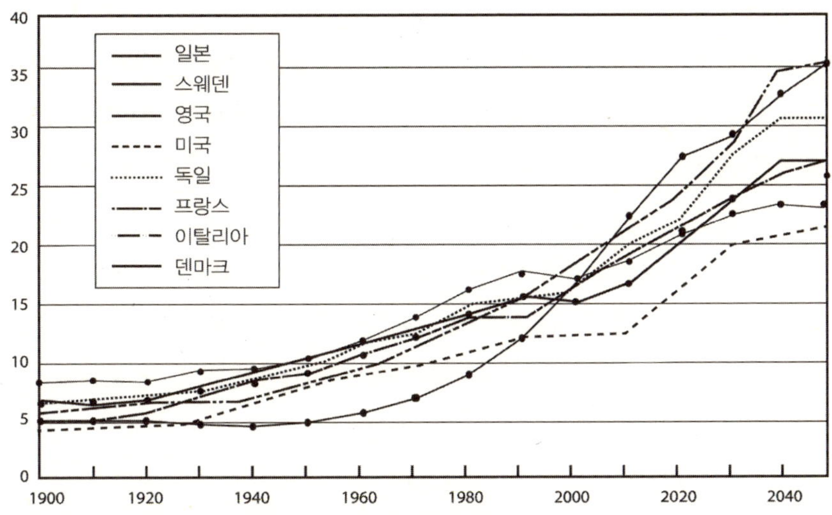

자료: 국립사회보장·인구문제연구소(2002) 『日本の將來推計人口(平成 14년(2002년) 1월 推計)』,
　　　SCB(2005), Sveriges framtida befolkning 2005-2050

출전: 奧村芳孝, 『スウェーデンの高齡者·障害者ケア入門』, 筒井書房, 2005, 16쪽.

공법에서 민법으로

　북유럽형의 복지를 즉시 채용할 수 없는 이유는 일본의 근대 국가형성 이래의 '멸사봉공'에 있다. 나를 죽이고 공, 즉 오카미(お上:천황, 정부)에 봉사한다. 그리고 관료제와 밀착한 '공법'이 이상하게도 강한 나라이다.

　물론 공법일지라도 오늘날에는 일본 헌법 아래에 속한다. 일본 헌법의 조문에서 복지에 관해서는 주지와 같이 제25조의 생존권이 중요하다. 기본적 인권의 하나로서 20세기에 이르러 많은 선진국에서 채용하고 있다. "① 모든 국민은 건강하고 문화적인 최저한도의 생활을 할 권리를 갖고 있다. ② 국가는 모든 생활면에 대해서 사회복지, 사회보장 및 공중위생의 향상 및 증진에 노력하지 않으면 안 된다." 원래 '최저한도의 생활을 할 권리'를 어떻게 해석할까에 복지 레벨은 국가에 의해서 전혀 다르게 나타남을 피할 수 없다.

실은 일본의 경우 그것과 동시에 제89조가 중요하다. 그러나 그다지 주목을 받지 못하므로 이에 대해서 상세하게 다루려고 한다. 박애와 자선에 관해서 헌법에는 다음과 같은 조목이 있다.

> 일본 헌법 제89조(공의 재산의 지출 혹은 이용의 제한) 공금 이외의 공의 재산은 종교상의 조직 혹은 단체 사용, 편익 혹은 유지를 위해서 공의 지배에 소속하지 않는 자선, 교육 혹은 박애사업에 대해서 이것을 지출하거나 이용에 제공해서는 안 된다.

유럽에서는 생각할 수 없는 헌법조문은 어디에 루트를 두고 있을까. 이 조문의 배후에는 제정의 과정을 생각할 때 미국의 자유주의의 영향이 있었다는 것이 분명하다(앨라배마, 콜로라도, 몬타나의 주헌법 규정).

전후 이미 GHQ(General Headquarters, 연합군 총사령부)에서 나온 신도(神道) 지령은 전전의 신사(神社)종교와 국가의 유착에 대해서 엄중하게 분리한다는 방향이었다. 그러나 이 헌법조문의 "혹은" 이하 후반부에 관해서는 어떨까. 이것을 있는 그대로 독해하면 '공의 지배에 속하지 않은 자선', 즉 민간단체의 자선사업에 대해서 공금을 사용할 수 없게 된다. 이것도 자유주의적 체제의 미국적 특징과 중첩한다. 원래 그것 이외의 서양의 복지 체제의 발전 역사에서 보는한 이러한 규정은 당연한 것이 아니다.

실제 이 조문이 있기 때문에 전후 일본의 복지 사업은 민간에서 실시할 경우에도 '재원'으로서 세금을 사용하는 한 거의가 사회복지 법인이라는 '공의 지배에 속해서' 행정적 감독을 받는 조직으로 실천되었다. 행정감독을 규정하는 법률은 모두 '공법'이 된다. 또 그러한 해석 가운데에서는 헌법 25조의 "② 국가는 모든 생활면에 대해서 사회복지, 사회보장 및 공중위생의 향상 및 증진에 노력하지 않으면 안 된다"고 기재하는 것도 그러한 행정의 조치적 측면을 강화하고 있다.

역사적으로는 1949년 2월에 정부가 공표한 제89조의 엄격한 공적 해석('공의 지배'는 국가·지방공공단체 기관이 결정적인 지배력을 가졌다는 해석)이 교육과 복지분야에 새로운 움직임을 가져왔다. 먼저 사립학교에 대한 공적 조성 등을 규정한 사립학교법 제정의 계기가 되었다. 다음으로 사회복지 분야에서는 1950년의 신생활보호법 및 1951년의 사회복지 사업법에서 각각 '공익법인', '사회복지 법인'에 대한 공적 조성제도의 탄생으로 발전하였다.

이리하여 전전의 민간의 소수독지자의 피눈물 나는 복지에 대한 노력과 '자선'이라는 윤리적 가치로부터의 실천이 완전히 그림자를 감추고 만 것은 정말 애석한 일이었다. 복지는 그 혜택을 받는 쪽도 제공하는 쪽도 가치중립적인 관료적 행정의존의 발상이 강했던 것이다.

전후 일본의 복지에서의 조치제도란 어떠한 경위를 거쳤을까. '조치제도란 무엇인가'라는 것은 자명하지 않고 논하는 사람의 입장에 따라 논점과 시점이 다음과 같이 상당히 다른 것이 실정이었다.

① 예를 들면, 법률학 연구자는 주로 보육제도에 관한 판례연구 등을 통해서, '조치'를 받는 자(보육서비스 이용자)의 '권리성'에 초점을 맞추어, 서비스 이용자의 입장이 '조치'라는 '행정처분'의 '반사적 이익'을 받는 것에 지나지 않는 점을 문제로 삼아, 서비스 이용자의 '권리성'을 법학적으로 증명한다.

② 경제(재정)학 연구자는, '조치제도'의 자금의 흐름의 측면인 '조치비제도'를 중심으로 논하고 있다. '조치위탁(비) 제도'를 통해서, 지방공공

단체에 짊어지게 하듯이 민간사회복지 사업(대부분은 사회복지 법인)에 짊어지게 하고, 조치(위탁)계약에 기초한 비용변상인 '조치(위탁)비'와 사회복지 시설정비에 대한 보조금으로서의 '시설정비비'를 일괄하여 '보조금'으로 파악하여, 양자의 법적 배경의 차이를 무시한 논의가 이루어지고 있다.

③ 사회복지학 연구자는 '조치위탁 제도', 민간사회복지 사업으로의 '공적 조성'의 본연의 모습, 헌법 제89조와 사회복지 법인제도의 관계를 중심으로 논하고 있다. 민간사회복지 사업은 사회복지 법인이 되어, '공의 지배'에 들어감으로써 공적 조성을 얻을 수 있었지만, 다른 한편 민간사회복지 사업으로서의 선구성과 개척성 등의 독자성을 상실한다는 점에 있다.

④ 행정기관자의 '조치제도'에 대한 비판은 비교적 최근 것이지만, 복지 서비스의 대응성, 다양성의 확보와 이용자의 선택권을 존중하기 위해서는, 서비스 제공자가 행정 아니면 행정으로부터의 위탁을 받은 민간 사업자에게만 한정된 '조치제도'에서 이용자가 스스로 선택하여 서비스를 선택할 수 있는 '계약제도'로 변경해야만 한다는 것이다.

그리고 주로 이 행정관계자의 의논이 종래의 "일본의 사회복지 서비스 제공 시스템(이른바 '조치제도')"의 변화를 촉진했다고 말할 수 있다. 호쿠요츠도무(北陽勉)의 저서에 의하면 먼저 1994년 행정심의회 등의 문서에 '조치제도'의 재검토론과 폐지론이 등장한다. 이것을 계기로 1997년에 제정된 개호보호법(2000년에 실시)과 2000년에 제정된 사회복지법 등에 의해서 노인복지와 장애복지 분야에서는 '조치제도'에서 '계약제도'로 이행하고, 조치제도는 극히 일부를 제외하고 원칙적으로 폐지된 걸로 이해되었다.

그러나 헌법이란 원래 정치권력을 규제하는 것으로 입법주의의 본래의 주장이었음을 생각할 때, 복지에 관해서 '정치권력의 지배'가 그만큼 작용했다는 것은 불행한 일이었다. 따라서 입법주의의 시민적 전통을 살리고자 한다면 복지가 이러한 '행정조치'라는 형태에 있는 것은 기묘하며 바꾸지 않으면 안 된다. 복지에는 자선이든, 박애이든 윤리적 가치가 들어가는 것은 당연하기 때문이다.

그러한 가운데 사회복지 제도의 이용방식이 2000년 이후에 '조치에서 계약으로'라는 구조개혁을 완수했다는 의미는 매우 중요하다. 원래 이 흐름에 대해서 '국가의 책임방기이다', '재정이 긴박해진 이유에 대한 방편이다' 등의 비판도 있다.

그러나 필자가 기술해 온 '시민적 공공성의 형성'이라는 면에서 보면 사정은 그렇게 단순하지 않다. '조치에서 계약으로'라는 처치는 단순히 법률적인 레벨을 넘어서 사상적, 철학적으로 중요한 의미를 갖기 때문이다. 공공철학은 그 의미를 탐색해야만 한다. 사고방식에 따라서는 메이지 근대국가 이래의 대전환이다. 국가적인 자혜주의, 즉 천황의 은혜로서의 복지 그리고 전후 국가의 행정감독으로서의 복지 사업, 그러한 흐름에서 해방되는 계기를 간직하고 있다.

넓은 의미에서 인간의 행복을 이루는 행위를 지역주민 스스로가 생각할 때가 이윽고 도래했다. 지금까지는 모두 오카미(お上:천황, 정부)가 이루어주었다. 그러나 극히 실제적이고 일상적인 시민의 필요(needs)를 시민 스스로가 해결하는 시대가 좋든 싫든 도래했다는 의미이다. 복지는 사람과 사람과의 관계 만들기 그 자체이기 때문에 주민에 의한 지역복지를 잘 형성할 수 없다면 필자가 지금까지 다른 책에서 이야기한 시민적 공공성을 시민 스스로 만들어 간다는 이념은 이미 허구가 되지 않았나 생각할 수 있다.

그럴지라도 '계약'이란 무언가를 확실하게 명시해야 한다. 제4장의 "국가의 정당화에 관한 이론"의 계약설의 부분에서도 기술하지만 유럽 문명에서는 세속적이라고 칭하는 국가론과 법률론 가운데에서도 성립 과정에는 기독교의 '계약'에 대한 생각이 근간에 있다. 하나님이 이스라엘 민족에게 지도자를 통해서 부여한 옛 계약(구약)과 예수 그리스도를 통해서 전인류에게 준 새로운 계약(신약)으로 분류할 수 있다.

예를 들면, 국가에 대해서는 삼종의 계약, 즉 ① 하나님과 당시의 백성과의 계약, ② 백성과 왕(위정자)과의 계약, ③ 백성 사이의 계약의 순서로 국가의 성립을 생각한다. 원래 기독교적인 합의가 없어지면 ①은 불문에 부치지만 이번에는 그 경우에는 국가주의가 하나님과 같은 위치에 오는 것에 주의를 요한다. 그리고 이 경우에 이론적으로도 국가론으로서 정합성이 있는 이론은 이미 곤란하게 된다. 이에 대해서 나중에 신탁이론 부분에서 언급하겠다. ②가 주로 공법, ③이 주로 시민법 내지 민법, 상법의 영역이라고 생각하면 된다. 그러나 ①을 불문에 부친 근대 일본의 공법은 실은 '오카미(お上:국가, 정부)'가 하나님과 같은 위치에 있음을 깨닫지 않으면 안 된다.

오늘날 일본 복지의 구조개혁이라고 일컬어지는 '조치제도'에서 '계약제도'로의 전환은 어떠한 구조를 하고 있을까. 이것은 다음에 살펴보듯이 공법에서 사법으로 전환하고 있음을 엿볼 수 있다. 만약 '서비스 제공'이라는 관점에서 보면 상거래의 '계약'에 가까운 것이다. 다만 '인간'이 중심적으로 개재하므로 인간의 행위를 '상품'으로 진단한다는 제한이 따른다. 그러나

용어해설

로마법

고대 로마의 건국(기원전 8세기 중엽쯤)이래, 6세기 전반의 유스티아누스 황제의 입법사업에 이르기까지의 로마 사회에서 형성된 법률을 말한다. 11세기 말에 '로마법의 부흥'이 일어나 방대한 각 분야의 법률이 "로마법대전"으로 총칭되고, 그 후에 서구 각국의 실정법의 근원으로서 받아들여졌다.

그것은 곤란을 잉태할 수밖에 없다.

그럼 '계약'이란 무엇인가. 역사적으로는 6세기의 동로마 황제 유스티니아누스(Justinianus)가 편찬한 『로마법대전(*Corpus Juris Civilis*)』이 근세의 계약이론의 기초가 되지만 유럽대륙법과 영미법에서는 사고방식도 조금씩 다르다. 그러나 기본적으로는 거래와 계약에서 '신뢰를 지키는' 것이 전제가 되므로 역시 사회적 모델은 빠질 수 없고 하물며 복지에 관해서는 더욱 그렇다.

토지, 동산, 건축 등에 관한 계약은 각종 조건에 관한 교섭의 결과로 성립한다. 그 합의는 구두 혹은 서면에 의해서 이루어지므로 '명시계약'이라고 하지만 지나치게 명시적이지 않은 방식일지라도 계약은 성립한다. 예를 들면, 버스를 탈 때 버스가 정류장에 정지하면 승객은 요금을 요금함에 넣고 탄다. 이것에 의해서 버스 소유자가 승객을 일정한 정류소까지 이동시킴을 약속한 계약이 이루어진 것이 된다. 영미법에서는 이런 종류의 계약을 "사실 가운데 묵시된 계약(contract implied-fact)"으로 부르지만 버스 운전자에게는 승객의 생명을 안전하게 지키기 위한 직업적 모럴이 요구된다.

복지에 관해서는 구두로 약속하지 않을지라도 복지실천자에게 직업적 모럴이 요구되는 것은 당연하다.

개호보험의 철학

복지에는 모럴과 사람과 사람과의 관계 형성하기와 동시에 제도 만들기가 중요하다. "제도의 철학"을 주장하는 가와 미키오(河幹夫)의 설명에 따르면 다음과 같다.

제도란 무대장치이다. 무대 위에는 복지실천인 사회가 존재하고 서비스 제공자와 이용자의 관계가 존재하고 있다. 예를 들면, 개호서비스를 한 달간 이용하는데 30만 엔의 비용이 발생했다고 한다. 이용자가 전액을 부담하는 것이 무리인 경우, 10%, 즉 3만 엔을 서비스 제공자에 지불한다. 그리고 남은 27만 엔은 다른 자원에서 부담해야만 한다. 조치제도에서는 국가가 세금에서 서비스 제공자에게 27만 엔을 지불했다. 그럼 서비스 제공자 측에서 이용자에 대해 우월감이 생겨 양자관계는 평등하지 않을 것이다. 양자의 사이를 대등한 관계로 하기 위해서는 사회보험 방식을 도입하여 상호간에 '계약'의 형태를 취하면 된다. 그래서 개호보험 제도는 이 '계약'을 채용한 것이어서 남은 27만 엔을(서비스 제공자에게가 아니라 형식적으로) 이용자 자신이 본인의 보험에서 지불한 형태를 취한다. 즉 조치제도가 서비스 제공자에 대한 지원인 것에 비해서, 개호보험방식은 이용자에 대한 지원이다. 법률적으로 말하면 조치제도는 주로 공법, 행정법의 세계이지만 개호보험 방식에서는 무대 위는 민법의 세계이며 공법은 무대장치로만 등장할 뿐이다.[5]

앞서 기술한 "제도의 철학"의 설명에 의하면, 개호복지 사업에 대해서 전액 세금 방식을 주장하는 것은 조치제도로 돌아가게 되는 것이다. 따라서 북유럽국과 같이 세금을 높게 설정해서 복지를 실시하는 방향은 역사적 배경이 다른 일본에서는 공 의존, 오카미 의존을 강화하게 된다. 그럼 관존민비, 멸사봉공의 경향이 강한 일본에서 시민사회 형성은 점점 멀어지는 것이며, 이러한 체제를 포함하게 될지 모른다. 따라서 현재의 복지는 현장에서 많은 문제를 포함하고는 있지만(특히 '재원'의 레벨에서) '계약제도'의 의미

5　阿部志郎·河幹夫, 『人と社會-福祉の心と哲學の丘』, 中央法規出版, 2008, 제5-6장.

내용을 깊이 있게 다루는 것이 이후에 남겨진 큰 과제이다.

도표 1-3 자금(돈)의 흐름과 제도

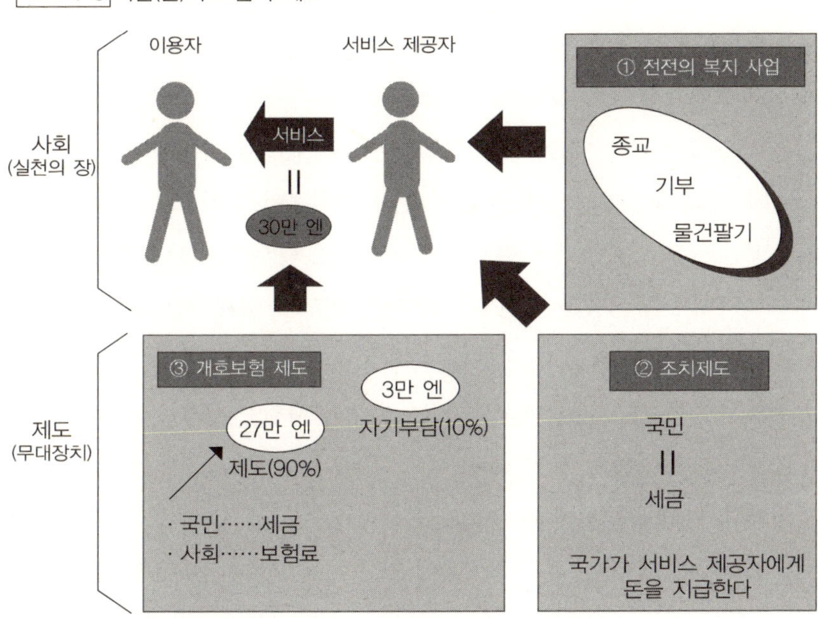

자료 : 阿部志郎·河幹夫, 『人と社會』, 中央法規出版, 2008, 114쪽.

계약제도의 문제점

그런데 복지의 구조개혁에 의해서 복지서비스 이용자와 서비스 제공자 사이가 원리적으로 대등한 계약관계가 되었다고는 말하지만 문제는 아직 해결된 것이 아니다.

첫째, 유효하게 계약을 체결하기 위해서는 의사능력이 필요하며, 의사능력이 부족한 사람은 원칙적으로 계약에 의해서 복지서비스를 이용할 수 없게 되었다. 이를 위해서 대리권이 없는 가족이 본인을 대신해서 계약절차를 하는 경우가 있고, 이 경우에 계약의 유효성을 어떻게 설명할 것인가 본인의 이익을 어떻게 보호할 것인가라는 문제가 생긴다.

둘째, 계약 당사자는 기본적으로는 대등하다고 생각되지만, 현실에는 서비스 제공자와 이용자 사이에는 다양한 불균형과 비대등성이 있다. 이용자는 복지서비스를 이용할 필요에 따라 계약을 체결하는 것이고, 필요치 않은 선택을 할 수 있는 것이어서 불리한 계약이 체결될 경우가 생긴다.

셋째, 계약에는 계약 당사자 이외에 법적인 책임을 추구할 수 없다. 예를 들면 복지서비스 제공자가 법인이고 이용자가 당해 법인과 계약을 체결하여 복지서비스를 이용하는 경우, 이용자는 법인에 대해서는 책임을 추구할 수는 있다. 그러나 대표자 개인과 실제로 서비스를 제공하는 종업원(home helper: 가사도우미 등) 개인에 대해서는 계약상 책임을 물을 수 없어서 구제가 불충분하게 될 가능성이 있다.

이러한 여러 문제를 적극적으로 다루는 것이 이후의 과제가 된다. 법률적으로 '계약관계'를 시정하여 이용자 보호의 방향에서, 예를 들면, "신인관계(信認關係)"라고 불리는 이론도 연구되고 있다. '계약관계'에 있어서는 당사자 관계는 대등했지만, '신인관계'에서는 강자 대 약자와 같이 비대등관계가 처음부터 전제가 된다. 신인관계에서는 수익자(이용자)의 이익을 도모함을 수인자(서비스 제공자)에게 의무지우고 있다. 신인관계는 신뢰를 보호하는 법관계, 즉 '신뢰와 성실'의 법관계이다. 이와 같이 신인관계는 주로 수인자(受認者)에게 고도의 충실한 의무를 과함으로써 성립한다. 사회복지뿐만 아니라 사회보장전반에 강한 '신뢰와 성실'이 요청되는 시대이다.[6]

6　大原利夫, 『信賴の社會保障制度に向けて-「措置から契約へ」さらに「契約から信認」へ』, 『週刊社會保障』 二〇〇七年 六月 四日號, 法硏, 42쪽.

다만 그것이 과연 법률적 레벨에서만 가능할까 하는 것은 반드시 명확하지 않다. 사회에서 모럴 혹은 시민적 미덕이 양성되지 않으면 신인관계는 기능하지 않다고 필자는 생각한다. 복지사회의 형성은 사회에서 모럴 내지 윤리적 가치 양성의 양육과 병행되어야 한다.

신탁이론

개호보험의 도입에 의해서 가속화된 복지분야의 '조치에서 계약으로'라는 경우의 '계약'은 상거래의 경우의 '계약'이 아니라, 시민의 마음과 마음이 서로 통하는 데에서 발생하는 신뢰에 기초한 규정 만들기의 훈련으로 간주하여야 한다. 이용자와 사업을 경영하는 기관 사이의 '계약'이며, 사업을 경영하는 기관은 종래와 같은 사회복지 법인만이 아니라, NPO와 주민이 세운 상호조직, 협동조합까지 포함되기 때문이다. 물론 영리기업도 참가하고 있지만, '계약'은 시장에서의 '가격' 경쟁에 의해서 결정된다는 의미로 해석할 수 없다. 그렇지 않고 서양의 사회계약론이 본래 문제시 했던 경우의 '계약'까지 되돌아가야 한다는 것이 필자의 생각이다. 그렇다면 16-17세기에

> **용어해설**
>
> **신탁(信託)**
>
> 사전적인 의미는 "신용하여 위탁하는 것"이다. 법률용어로는 "타인(수탁자)으로 하여금 일정한 목적에 따라서 재산의 관리 혹은 처분하도록 하기 위해서, 그 사람에서 재산권 그 자체를 이전하고(소유권 등의 이전), 혹은 그 외의 처분을 하는 것"이다. 수탁자는 신탁의무 위반이 있을 경우는 손실전보(損失塡補)를 해야만 하고, 수익자는 수탁자가 범한 신탁재산의 위법적인 처분행위를 취소할 수도 있다. 신탁법에서 말하는 신탁은 중세 영국에서 발달한 것으로, 오늘날 영미법계 국가의 실정법에서는 유산의 관리운영과 병원, 대학 등의 공익재단의 운영에 신탁이 이용되고 있다. 일본에서는 일로전쟁(1904-1905) 후에 "담보부사채신탁법(擔保付社債信託法)"으로서 신탁법리가 도입된 것이 시작이다.

당연시 여겼던 하나님과 '초월'과의 관계, 영성과 신약(信約)과의 관계는 피할 수 없게 된다.

여기에서 필자가 "사회계약론"의 '계약'의 사고방식이라는 것은 법률적 레벨에서 윤리적, 종교적 레벨까지 미친 종합적인 철학적 주제이다. 실은 근대의 사회계약론은 '신탁'개념과 깊이 관계를 맺고 있었다. 그리고 신탁과 신인(信認)관계는 모두 '믿음(信)'이라는 내용을 포함한 의미에서 역시 연결고리가 있다.

신인관계는 역사적으로는 유럽 중세에 발생하여 14-17세기에 거쳐 발전한 신탁의 법이 확대, 적용된 법관계라고 한다. 그 기원은 중세 영국에서 실시된 부동산에 관한 자선신탁(charitable use)이며, 당시 재산을 교회에 유증(遺贈), 기진(寄進)하는 전통이 있었다. 사후 영혼의 안녕을 바란다는 것이다. 그 종교적 의미는 별도로 하더라도 기진을 받은 교회와 수도원은 이들 수익을 이용하여 구빈과 의료, 교육 등의 사업을 담당했다. 법적으로는 삼자관계가 형성된다. 즉 사람들(의탁자)이 제3자(수인자)에게 토지를 양도하고, 제3자에게 그 토지를 교회(수익자)를 위해서 관리하도록 하고, 그 수익을 교회에 맡긴다는 것이다.

오늘날의 일본에서도 법적인 신탁행위는 통상 위탁자, 수탁자(수인자), 수익자 삼자로 이루어진다. 예를 들면, 신탁법의 총칙 제2조항에 "이 법률에서 '신탁'이란, 다음 조항 각호에 든 방법의 어느 것인가에 의하며, 특정한 사람이 일정한 목적에 따라 재산의 관리 혹은 처분 및 그 다른 목적의 달성을 위해서 필요한 행위를 해야 함을 일컫는다"고 기록되어 있는 대로이다. 즉 '위탁자'가 재산을 직접 '수익자'에게 양보하는 것이 아니라 '수탁자'를 경유하여 행하는 구조이다.

사회계약론과 헌법

법적인 신탁행위와 사회계약론은 바로는 연결되지 않는다. 왜냐하면 전자는 시민사회의 룰이지만, 후자는 국가형성의 논리이기 때문이다. 국가형성의 논리를 톱다운(top-down)으로 주권개념으로부터 구성한 것이 16세기의 프랑스 정치철학자 장 보댕이었다. 다만 역사적으로는 개별시민으로부터 보텀업(bottom-up)으로 세워져 국가형성의 논리에 전용된 예가 있다. 현대의 민주주의적 국가론은 이 양자를 절충하면서 성립한 것이다.

이것이 잘 표출된 것이 일본 헌법이다. 헌법 전문에 "대저 국정은, 국민의 엄숙한 신탁에 의한 것이어서, 그 권위는 국민에서 유래하고, 그 권력은 국민의 대표자가 행사하고, 복리는 국민이 향수(享受)한다……"고 되어 있다.

다만 이 헌법 조항에 '신탁'의 문자는 보이지만, '국민'과 '국민의 대표자' 만이 있고 제삼자가 없다. 그럼 삼자관계로서의 신탁행위가 성립하지 않을까라고 생각할지도 모른다.

이 헌법 조항과 '신탁이론'과의 관계에서 생각나는 것은, 존 로크의 『통치론(*Two Treatises of Government*)』의 1절에 있는 부분이다. 토마스 홉스의 주권국가론에 대항한 로크의 신탁이론은, 각 개인의 계약에 의한 부르주아 경제사회(시민사회)에서 '입법권'을 산출하는 장치였다. 로크에 의하면

> 이상이 모든 형태의 통치(국정)에서 사회에 의해 입법부에 의탁된 신탁과 하나님과 자연의 법이 모든 국가의 입법권에 부과한 몇 개의 제한이다.……입법부는 국민이 그들 자신 혹은 그 대표자를 통해서 동의를 부여하는 것이 아니면, 국민의 소유물에 세금을 부과해서는 안 된다……(제11장).

여기에서 '국민'과 '대표자' 이외에 제3자인 '하나님(神)'이 등장하는데, 그 이유는 『통치론』의 모두 부분에서 짐작할 수 있다.

> (자연상태는) 같은 종, 같은 등급의 피조물은 나누어 분리되지 않고, 생명을 받고 자연의 은혜를 동등하게 향수하여 같은 능력을 행사하므로, 모든 피조물의 주인이며 지배자인 하나님이 그 의지를 판연하게 표명하여 누군가를 타자 위에 두고 명쾌한 명령에 따라서 의심할 수 없는 지배권과 주권을 부여하는 것이 아닌 한 모든 사람이 상호 평등하며, 종속과 복종은 있을 수 없음은 무엇보다도 명료하기 때문이다(제2장)

로크는 17세기의 영국인이며, 당시 유럽 사람들이 공유한 기독교의 창

토마스 홉스(Thomas Hobbes, 1588–1679)

영국의 철학자이며 근대정치학의 시조의 한 사람이다. 옥스퍼드 대학에서 수학하고, 대륙으로 가서 데카르트, 갈릴레오와 교제했다. 『리바이어던(*Leviathan*)』 등에서 기계론적 자연관, 인간관을 표명하고, 거기에 기초해서 국가성립의 메커니즘(mechanism)을 주장했다. 자연권을 갖는 인간은 "만인의 만인에 대한 투쟁"에 있는 자연 상태에서 사회계약에 의해서 국가 상태로 이행한다고 주장했다.

존 로크(John Locke, 1632–1704)

영국경험론의 대표적 철학자, 정치사상가. 왕권신수설에 반대하고 사회계약론을 취하였다. 하나님으로부터 인류의 시조 아담에게 위탁된 최고 권력은 국왕이 아니라 인민에 있으며, 정치는 인민의 동의에서 이루어져야만 한다고 주장한다. 미국독립 혁명, 프랑스 혁명에 영향을 주었다.

조자인 하나님을 내세움으로써 삼자관계를 만들었다. 하나님이 왕에게 주권을 위탁할 가능성은 남아있지만(왕권신수설), 오늘날의 민주주의에서는 그것을 생각하는 것은 어려운 일이다. 그럼에도 '국민(수익자)', 대표자(수탁자) 이외에도 '하나님(위탁자)'이 등장하여 삼자관계의 신탁이론으로서 수미일관한다. 그래서 오늘날 일본 헌법에서도 국민과 대표자 이외에 다음과 같이 등장인물을 또 한 사람 더해서 삼자로 한다.

일본에서는 메이지 초기의 자유민권론자가 행한 것처럼 국민 한 사람, 한 사람이 천부인권론(하늘은 사람 위에 사람을 만들지 않고 사람 아래에 사람을 만들지 않음)으로 주장되듯이, '하늘(天)'로부터 백성에게 인권, 자유, 생명, 재산권이 수여되고, 이들 권리를 지키기 위해서 '신탁'의 형태로 정체(政體)를 구성한다고 설명해 보자(그렇지 않으면 다시 황조황종[皇祖皇宗], 즉 천황[天皇]의 조상신이 부활한다!). 즉 국민, 대표자, 하늘(天)의 삼자관계이다. 다만 하늘이 직접 수익자(국민)에게 모든 권리를 양도하려고 할지라도, 거기에 "만인의 만인에 대한 투쟁(홉스)"의 사태가 일어나 모든 권리가 침해당할 가능성이 생긴다. 그래서 어떻게 하든 '권력(政體)'의 설립이 필요하게 된다('설립에 의한 주권'). 이와 같이 해서 세워진 권력은 대표자가 권력을 행사하게 된다.

따라서 이 경우의 신탁이론의 삼자관계란 하늘(위탁자), 대표자(수탁자), 국민(수익자)이 되어서 일단은 납득할 수 있는 해석이다. 일본 헌법에서 '하늘'을 일부러 내세우는 이유는 "국정은 국민의 엄숙한 신탁에 의한다"고 하는 말에 있다. 실제로 헌법 영어판에 의하면 "엄숙한 신탁(*sacred trust*)"으로 되어 있다. '성스러운 신탁'='엄숙한 신탁'은 '하늘'에 한 점 부끄러움이 없는 양심을 갖고 국민 한 사람, 한 사람이 민주주의를 만들어 가자는 결의이다. "오십에 천명을 안다"는 동아시아의 유교적 문화풍토에도 합치할 것이다. 양심은 덕에서 발현한다. 따라서 시민적 미덕, 즉 인, 의, 예, 지, 신 혹은 '우애와 연대'가 중요한 것이다.

이상과 같이 로크적인 신탁이론에서 시민적 미덕을 중시하는 국가론을 제기하는 것도 불가능한 일은 아니다. 다만 여기에서는 수탁자인 국민의 대표자에게 고도의 충실한 의무가 부과된다. 그뿐만 아니라 루소적 국민주권을 채용하는 한, 결국에는 국민 쪽에 고도의 시민적 미덕이 요구되기도 한다. 이와 같이 로크적 국가론과 한 사람, 한 사람의 미덕의 구체적 발휘가 어떻게 부드럽게 이어질까. 국가주권이 작용하는 1억 2천만 명을 포괄하는 추상적인 국가와 한 사람, 한 사람의 구체적인 '생활세계' 사이에는 상당한 갭이 존재한다는 느낌이 든다.

그래서 필자는 제4장에서 기술하듯이 주권이 부수하는 '국가'와 영역주권이 우선하는 '시민사회'를 명확히 구별함으로써 이 간격을 피하고자 한다.

'환경'과 '복지'

국가주권을 완전히 부정할 수 없지만, 현대에서는 이것을 상대화하는 방향이 세계적인 추세이다. 현재 국민주권과 같이 일국 레벨에서 생각해도 어떻게 할 수 없는 문제가 수 없이 존재하기 때문이다. 지구환경 문제는 바로 중요한 문제 중의 하나이다. 환경과 복지는 깊은 관계를 가지므로 이에 대해서 살펴보기로 하겠다.

2009년 9월 하순에 정권교체 직후의 새로운 내각총리 하토야마 유키오(鳩山由紀夫)는 유엔에서 연설하면서 "일본은 2020년까지 1990년에 비해서 지구온실효과 가스를 25% 감소시키겠다"고 말했다. 이미 온실효과 가스의 "2050년까지의 배출량 반감"을 유엔 레벨에서 지향하는 것하고도 일치하였다. 그러나 2009년 12월 코펜하겐의 COP15에서는 각국의 이해가 얽혀서 톤다운(tone down)된 것은 애석한 일이었다.

이산화탄소 배출량의 비약적 증대는 산업혁명 이후의 근대문명의 특징이다. 오늘날 이산화탄소를 비롯해서 온실효과 가스가 지구온난화의 주요 원인으로 간주되고 있다. 산업혁명은 시장경제의 발전을 가져왔다. 시장경제 사회에서는 국민에 대한 국가주권의 '강제력'이 작용하는 장은 국민의 세금 징수로 나타나고 있다. '강제력'은 명확히 '권력장치'로서의 국가의 측면이지만, 국가에는 또 다른 하나의 '복지장치'로서의 측면이 있다. 즉 정부는 세금수입을 사회보장 이외의 공공서비스로서 국민에게 환원해 왔다. 전후의 산업화 사회에서의 정부 기능의 하나는 복지국가로서의 운영으로, 지금까지는 현금 지급이 주체였다.

그러나 복지국가도 탈공업화 사회에로의 산업구조의 변화, 여성의 사회 참여, 고령화 사회의 도래 등으로 지역사회에 밀착된 서비스, 특히 개호서비스 제공 등에 무게를 두게 되었다. 다른 한편 이산화탄소 삭감과 환경을 배려한 지속가능한 사회에로의 이행은, 지금까지 주민에게 가까운 지역공동체의 녹화(綠化)를 촉진한다. 무한한 경제성장을 예상한 기업과 소비자로부터 거둔 세금은 바람직하지 않게 되었지만, 역으로 환경세의 도입은 오히려 충분히 생각할 수 있는 시대가 되었다.

여기에서 생활자 주체의 지역공동체를 중심으로 해서, '환경'과 '복지'라는 다른 인간생활 분야가 관계를 맺을 가능성이 생기고 있다. '환경'과 '복지'는 본래 다른 기원을 가진 분야였지만, 생활자로서의 주민이라는 시점에서는 동시에 긴급성을 가지고 해결을 요구하는 문제군이다.

탈공업화 사회에 이르러 '풍요로움'의 기준이 변하고 있다. 공업화 사회에서는 경제성장에 제한은 없었지만, 이것은 지구자원이 무한히 존재한다고 생각했기 때문이다. 이때의 국민의 풍요로움의 기준은 GDP 한 사람당의 수치가 높은 것이었다. 그러나 자원은 유한하고, 장기간 노동으로 더욱 공해가 다발하는 사회에 살아간다면, 아무리 수치적으로 GDP가 높다고 할지라도 누구도 '풍요로운 생활'이라고는 생각하지 않게 되었다.

또한 현재는 '풍요롭다'고 할지라도 다음 세대는 어떨까. 더욱 '빈곤한' 상태로 남겨진 나라들과의 '공정함'을 배려할 필요성은 긴요한 문제이다. 즉 지금의 과제는 ① 유한한 지구자원에 의거한 인간의 경제활동은 본래 생태학적인 한계를 가지고 있다는 인식, ② 시장에서 이루어지는 활동만을 평가하지 말고 개호, 봉사활동, 지역공동체에서의 상호교류 행위 등 시장에 익숙하지 않은 다양한 인간 활동을 평가함을 말할 수 있다.

'다양한 인간 활동'을 어떻게 평가하는가는 '진정한 풍요로움', '삶의 보람'과도 관계가 있는 생활자의 가치적, 윤리적 사항이며, 넓은 의미에서의 복지, 즉 인간의 행복의 질과 관계하는 일이다. 댐, 도로의 건조형(建造型)의 공공사업에서 환경배려형의 녹색 뉴딜(녹색 공공사업)로, 더욱 인간배려형의 휴먼 뉴딜(휴먼 공공사업)로 사회구조를 전환해 가는 것이다.

4. 북유럽, 서유럽, 남유럽, 미국의 복지

공공사업은 세금으로 이루어진다. 인간배려형의 공공사업, 즉 복지사회의 건설이 이제부터 주류가 될 것이다.

일본에서 복지에 대해서 이야기할 때, 언제나 북유럽형의 고복지가 예로 인용되고 있다. 그러나 앞서 언급했듯이 북유럽형의 고복지 고부담이라는 복지의 모습을 일본에서 모델로 삼는 것은 그렇게 간단한 것이 아니다. 단순히 부담(세금)을 높이면 고복지가 된다고 하는 간단한 문제가 아니다. 거기에는 깊은 '인간의 문제'가 가로놓여 있다. 지금의 사회보장논의는 정치가를 비롯해서 매스컴, 연구자도 이 문제점에 대한 자각이 충분하지 않다.

사실은 북유럽의 고복지 고부담은 과거의 유럽의 기독교의 역사와 깊은 관계가 있던 제도이다. 그럼에도 그것을 자세하게 설명한 문헌이 일본에는 없다. 공공복지에 있어서는 중요한 지식이므로 이하에서 간단히 기술해 두겠다.

유럽과 미국과 기독교의 전통

유럽 근대의 역사적 뿌리의 하나는 16세기의 종교개혁에 있다. 그 이전의 중세의 로마 가톨릭교회의 반석이 붕괴하고, 종교개혁 이후의 교회와 국가의 관계는 다양한 형태를 취했다. 복지에 관해서 말하면 전통적으로는 중세까지 로마 가톨릭교회가 빈곤한 자와 병자의 케어 등의 복지적 사업 그리고 교육에 대해서 책임을 가지고 있었다(제2장 1절 참조). 그런데 종교개혁과 함께 가톨릭교회에서의 분리가 복지의 모습에 다양한 차이를 가져왔던 것이다. 크게는 북유럽(스칸디나비아제국, 영국), 대륙의 서유럽(독일, 덴마크, 벨기에, 오스트리아, 스위스 등), 남유럽(프랑스, 스페인, 이탈리아 등)의 셋으로 분류할 수 있다.

북유럽 가운데 스칸디나비아제국은 프로테스탄트 루터파, 영국은 프로테스탄트 영국국교회(Anglican Church), 대륙의 서유럽은 프로테스탄트, 가톨릭의 모자이크 패턴, 남유럽은 가톨릭 등 복잡하다.

특히 스칸디나비아제국에 지금 주목하기로 하자. 이 지역은 루터파 교회가 국민교회가 되어 종교세력과 세속세력(왕권, 영주권)의 융합을 일으키면서 국민국가가 형성되었다.

교회와 종교적 서열 가운데에 있던 모든 재산이 국가로 몰수되어, 성직자들은 연방국가의 관료군에 편입되었다. 이와 같이 북유럽에서 초창기에는 루터파 국민교회가 복지적 사업을 제공했지만, 연방국가가 교회를 대신해서 복지를 제공하는 시스템이 비교적 일찍부터 자연스럽게 발전하고, 이것이 보편적인 루터파적 국민교회라는 제도 가운데에서 정당화되었던 것이다.

이것을 국민의 측면에서 보면, 국민 각자가 속한 연방교회(교구교회)에 신뢰를 보낸 것과 같이, 연방국가(지방정부)에 신뢰를 보냄으로 이윽고 산업화 사회의 도래로 자본가, 노동자와 함께 정부에 수납되는 세금이 높아져도 그다지 불만을 표하지 않았다. 실제로 그것은 복지서비스로서 되돌아왔기 때문이다. 그리고 이것이 오늘날에도 사회민주주의 정권 하에서 과도한 국가적 억압이라는 느낌 없이, 국민에게 필요한 거출을 촉구하는 중요한 요인이 되고 있다.

그러나 가톨릭이 지배적이었던 남유럽에서 가톨릭교회는 세속국가와는 적대적이었고, 국가도 가톨릭교회를 적대시했다(양쪽 모두 중앙집권적이며 절대적 지배를 요구했기 때문에). 프랑스 혁명은 그것이 여실히 드러난 사건이었다. 남유럽에서는 가톨릭교회가 20세기에 이르기까지 복지조직(학교, 병원 등)을 계속 제공해 왔기 때문에, 역으로 국민적인 복지국가의 발전을 늦추게 되었던 것이다. 국민의 높은 세금에 대한 의무감도 성장하지 않는다.

그러나 흥미로운 것은 이른바 서유럽의 경우이다. 이것은 방금 기술한 두 개의 바로 중간의 형식에서 나타났다. 기본적으로는 프로테스탄트와 가톨릭, 더욱 휴머니즘(인문주의)이 모자이크적으로 파고들어갔기 때문에 다원적, 다층적으로 시민의 자치의식이 고양되어 기독교 민주정당이 생겼고, 다수의 중간집단이 만들어졌다. 국가는 이것을 보완하는 정도의 정치형태 그리고 중간집단이 담당하는 복지 제도가 생겼다. 17세기 독일의 사상가 요하네스 알트하우스(Johnannes Althaus)의 정치사상이 그것과 잘 어울리고 있다.

사실은 필자가 이후의 일본에 가장 필요한 모델로서 생각하는 것이 서유럽의 경우이다. 어떤 점인가 하면, 종교적 배경은 다르지만, 전통을 바탕으로 하면서도 원래 다원적, 다층적인 문화의 중층구조가 있어서, 이것을 복지로 활용해 가는 것이다(나가는 글 참조). 이후 급속하게 고령화를 향하여 가는 일본이 남아시아 등에서의 이민을 너그럽게 수용하면서 시민사회를 구축해야만 하는 상황과 중첩한다.

신대륙 미국의 경우는 국민교회(국교회)라는 사고방식이 전혀 없었다고 하기보다도 원래 유럽의 국교회에 반발한 사람들이 이민해 온 나라이었기 때문에 교회는 이미 자유교회이다. 정치경제이데올로기도 자유주의, 민간주도이며, 오늘날에도 사회서비스 지출의 숫자에서 국가의 관여가 유럽제국에 비해서 훨씬 낮은 것은 그러한 이유 때문이다.

그러나 국가적 지출이 낮을지라도 민간의 자유교회 등이 풀뿌리적으로 복지를 담당하는 것이 일본과는 전혀 다르다. 오늘날과 같은 금융위기에서 발생한 대량 실업자에 대한 대응에서도 급식 서비스 등을 제공하는 것은 풀뿌리적으로 존재하는 자유교회와 그와 관계하는 봉사활동단체가 많다.

용어해설

요하네스 알트하우스(Johannes Althaus, 1557-1638)

아루구스부르크 종교화의 2년 후, 북독일에서 태어나 스위스의 제네바 그리고 바젤에서 교육을 받고 엠덴에서 살았다. 주저로 『정치학』이 있다. 사회 가운데에서 길드와 촌락, 도시 등의 다양한 사회연합체(consociation)가 존재하는 것에 착목하여, 이들 사이에서 또 위정자와의 사이에서 사회계약을 맺음으로써 평화로운 사회를 구축하려고 사회계약론을 제기했다. 후세의 사회계약론자와 같이 계약을 맺는 주체는 개인이 아니라 사회연합체라고 하면서, 이들 사회연합체가 자립한 생활권을 갖는다고 주장하는 의미에서 현대의 영역주권론의 시조로 볼 수 있다.

예를 들면, 실제로 각 가계에서 지출되는 복지비의 비율에 대한 민간과 세금의 합계는 스웨덴 41.2%, 미국 39.6%로 거의 같다는 자료도 있다.

유럽과 미국의 복지자본주의 형식

일본의 사회복지, 사회보장의 문헌에는 대륙의 서유럽과 남유럽을 일괄해서 "보수주의적 사회정책"의 이름으로 부르는 것이 유포되고 있다. 예를 들면 앞서 기술한 에스핑 앤더슨의 『복지자본주의 세 가지 세계(*Three Worlds of Welfare Capitalism*)』가 그것이다.

이 책은 현대 복지국가론의 연구 분야에 많은 영향을 미쳤다. 저자는 덴마크 출신의 사회과학자이며, '탈상품화'라는 개념을 제기하고, 거기에서 복지국가의 유형을 도입한 연구자에게 많은 화제를 제공한다.

탈상품화의 정도를 나타내는 지수의 요소는, ① 사회보험(연금, 실업보험, 질병보험)의 지급의 표준적인 순수입에 대한 비율, ② 그 지급자격을 얻기 위한 가입연수요건, ③ 재원 중의 개인부담비율 등이다. 자본주의 사회에서는 노동자의 생존이 자기의 노동력을 판매하는 것에 걸려있다는 의미에서 인간은 '상품화'된다는 것이다. 따라서 탈상품화 지수가 높다고 하는 것은 노령퇴직과 실업, 질병 때문에 노동력이 일시적 또는 항구적으로 '팔리지 않을' 경우에도 상당한 소득이 세금 내지 사회보험제도에 의해서 보상되고, 더욱 그 비용이 본인의 지출보다도 정부나 고용주에 의해서 부담되는 정도가 높음을 의미한다.

이리하여 에스핑 앤더슨은 탈상품화와 거기에 계층화라는 두 지표를 도입해서, OECD선진국 18개국의 총계를 정리하는 가운데에서, 복지자본주의에 세 체제가 있음을 발견했다. 복지 정책을 사회민주주의의 북유럽, 보수주의의 유럽 대륙, 자유주의의 미국과 영국권의 나라로 크게 세 체제로 분류하고 있다. 다만 저자 자신이 북유럽 출신(덴마크인)인지 북유럽이 보편주의, 유럽대륙은 보수주의라는 말투로 부르는 것은 약간 납득이 가지 않는다. 주로 경제면과 그것에 관련한 수치를 고려한 전후의 복지국가론이라는 의미에서는 부득이한 면이 있지만, 그러나 문화적인 것을 본격적으로 고려한다면 조금은 문학적, 철학적인 수법도 필요하다. 필자는 서유럽을 네오 코퍼러티즘(Neo corporatism)이라고 부르는 것이 좋다고 생각한다.

특히 에스핑 앤더슨이 대륙보수주의의 배경을 "헤겔적, 비스마르크적 국가주의", "가톨릭적 보완성의 철학"으로 일괄적으로 표현하는 데는 문제가 있다. 이것은 분명히 현실의 왜소화이다. 왜냐하면 앞서 기술했듯이 유럽대륙의 서와 남에서는 명백하게 그 특징이 종교적으로 다르기 때문이다. 남쪽은 가톨릭, 서쪽은 가톨릭, 프로테스탄트, 휴머니즘의 모자이크 패턴이다.

먼저 헤겔적인 국가주의와 남쪽의 가톨릭적인 보완성 철학은 다르다는 것, 다음으로 대륙서방 프로테스탄트적인 중간집단 중시의 역사는 국가주의론, 보완론과도 다르다는 것, 이 두 가지에 주의하고자 한다.

헤겔의 역사철학에는, 부르주아 시민사회가 욕망 추구에 의해서 모럴 붕괴를 초래한 것(오늘날 말하는 시장원리주의), 그것을 통제하기 위해서 국가라는 모럴 공동체를 상정한다. 그리고 국가는 '세계정신의 발현'이며 '인간세계에서의 신의 발자취'이며, 그 가운데에서 '국가의 인격성은 다만 한 사람의 인격, 즉 군주만으로서의 현실적'이라는 것이다.

한편 가톨릭교회의 강한 영향력 하에 있는 문화권에서는, 전통적인 가족제도를 유지하기 위해서 많은 노력을 했다. 가족이 그 구성원으로 서비스를 제공하는 것이 불가능하게 된 경우에만 '보완성'의 원리에 따라서 국가가 개입하는 것이다. 동시에 유럽대륙에 있던 길드적 동업연합형(corporatism) 모델을 자본주의 경제가 발전해 가는 가운데에서도 사회를 유지하는 방법이라고 생각했다. 즉 개인을 시장에 의한 개인화와 경쟁(노동력의 상품화)으로부터 지키고, 계급대립의 논리에서 벗어나, 유기적인 전체와 일체화시켜가는 수단으로 파악한 것이다. 코퍼러티즘적 복지는 가톨릭교회에서 대대적으로 채용되고, 사회문제에 관한 로마교황의 두 가지 주요한 회칙 가운데에서 적극적으로 표명되었다. 레룸 노바룸(Rerum Novarum, 회칙 "노동자의 권리에 대해서", 1891)과 40년 후의 콰드라게시모 안노(Quadraesimo Anno, 회칙 "노동자의 권리에 대해서"[40년 후의 개정], 1931)이다.

그러나 독일제국에서 비스마르크가 최초로 사회보장 제도를 도입하려고 할 때(1883년), 두 측면에서의 전쟁을 강요당했다. 하나는 시장에서의 해결을 우선하는 자유주의자와의 싸움이며, 또 하나는 길드, 모델 내지는 가족주의를 주창하는 사람들과의 싸움이다. 그래서 비스마르크는 헤겔적인 강한 국가주의의 방향을 바랐다. 즉 비스마르크는 가족을 가부장주의(paternalism)에 직접적으로 국가와 관련지우고, 국가와 가족 사이에 있는 중간집단의 자립을 원하지 않았던 것이다(덧붙여서 말하면 일본에서 이토 히로부미[伊藤博文]가 메이지 헌법 조사를 위해서 유럽으로 건너가 시찰한 것이 바로 이 시기와 겹친 것은 실제로 흥미로운 일이었다).

또 대륙을 일괄하여 '보수주의'의 명칭으로 묶지 못하는 큰 이유는 프로테스탄트가 강한 네덜란드의 경우이다. 서유럽의 프로테스탄트에게 있어서는 코퍼러티즘(corporatism)는 항상 지금까지 프랑스 혁명적 국가주의론과 헤겔적 국가주의의 쌍방을 대신하는 주요한 대체안이었다. 중간집단의 자립한 영역주권을 주장했기 때문이다. 네덜란드가 중간집단을 중시하는 정치사상사적 연원은 중세의 길드에 혹은 국가주의를 분산하는 방향에서의 사회연합체(consociatio)를 강조한 요하네스 알트하우스의 사상과 19세기 이후의 주상사회의 형성에 있다. 이것이 오늘날의 "워크쉐어링(work sharing)"의 발생으로 이어진다.

종교적 전통에 대해서는 거의 고려하지 않은 에스핑 앤더슨의 책이지만, 그럼에도 '고령자소득보험'의 경우에서 유럽과 미국의 기독교의 영향에 대해서 다음과 같이 언급한 것은 인상적이다.

> (19세기 후반-20세기 초의 고령자 소득보험의) 제3의 방도는 자선단체(charity)이며, 대부분의 나라에서는 주로 교회에 의해서 조직화되었다. 앞서 언급한 뉴욕조사에 의하면 자선단체에만 의존하는 것은 고령자 전체의 3.5%에 지나지 않는다고 한다. 그러나 이 결과만으로는 자선단체의 참된 의미를 읽어낼 수 없다. 1927년 당시의 미국에서는 민간 자선단체에 의한 지급금의 총액은 공적 복지지출의 6배에나 도달했다.[7]
>
> ( )는 필자 주.

동아시아에서의 공공신탁론

동아시아는 유럽, 미국과 전통이 전혀 다르다. 유교와 도교(무위자연의 도)는 동아시아의 공통의 유산이다. 오늘날 한국, 일본, 중국 세 나라는 국경문제로 서로 다투기보다 상호간의 애국심을 억제하고 역사인식을 공유하면서 화해(和諧)를 지향해야만 한다. 이(理, 중국인의 특성)와 기(氣, 한국인의 특성), 화(和, 일본인의 특성)를 살리면서 그것 전체를 갖춘 관용의 '군자', '성인'의 육성에 힘쓰고, 서로 국경을 넘어 배우고 교류를 넓혀가야만 한다. 동아시아의 전통인 '천명'을 깨달아야 한다.

---

7 G·エスピン アンデルセン, 岡澤憲芙 외 監譯, 앞의 책, 97쪽.

우리가 지향해야 할 공통유산은 공공신탁론이라는 말로 요약할 수 있다. 이미 살펴보았듯이 '신탁'이라는 말 자체는 헌법 전문에 "대저 국정은 국민의 엄숙한 신탁에 의한 것이므로 그 권위는 국민에서 유래하며……"와 같이 사용되고 있다. 앞서 기술했듯이 '엄숙한 신탁'='성스러운 신탁'이라는 의미의 말이므로 60년이 된 일본 헌법은 우리 한 사람, 한 사람이 자발적으로 욕망을 억제한 '군자', '성인'이 됨을 기대하고 있다. '천명' 하에서 한 사람, 한 사람이 '하늘로부터 신탁을 받은' 책임윤리를 발휘하여 대처해야할 시대가 되었다는 의미이다.

다른 한편에서 일본 헌법은 '공공의 복지'라는 전 인류에 공통하는 개념, 국경을 넘어 적용할 수 있는 사상성도 포함하고 있었다(제12, 13, 22, 29조). 그래서 동시에 이 '공공의 복지'의 새로운 의미도 탐구되어야 한다.

'공공의 복지'를 활용하기 위해서 공공신탁론을 제기하려고 한다. 그것은 현 헌법에 있는 '신탁'의 사고를, 지구 대규모로 전 인류적으로 확대함과 동시에, 더욱 각각의 지역과 NGO, NPO, 협동조합 등 환경보전과 생활의 필요(needs)에 대응한 중간집단이 갖는 '영역주권론'을 기본으로 한다. 공공신탁론에 의한 복지서비스의 담당자는 '시민'이며, '행정'이며, '기업'이다. 입헌주의를 존중하면서 국민주권이라는 추상성에 안주하는 것이 아니라, 생활영역에 신탁된 주권성을 살리자는 주장이다.

영역주권론은 이리하여 무엇보다도 생활자가 생활의 다양한 영역에서 발생하는 필요를 중요시하며, 개개인의 내면의 자아를 연마하여 심신에 바탕을 둔 실천을 촉구한다. 이것이 필자가 주장하는 '공공복지'의 근거가 된다.

시민 한 사람, 한 사람이 '응석부림의 구조'를 탈각하고, 국경을 넘어 '타자'를 배려할 수 있고 덕성을 갖추어 자신과 다른 생각을 가진 사람에 대해

서 관용을 베푸는 것(이것이 '군자', '성인'이 된다는 의미!). 어디까지나 개개인의
자발성과 자치를 존중하고 '좋은 사회'를 만들기 위해서 상부상조한다.

　이리하여 근대문명에서 신장해 온 '욕망'의 컨트롤을 먼저는 시민 스스
로가 솔선수범한다. 다음으로 '환경세금'을 도입하고, 이것을 복지를 위한
목적세금으로 시민에게 환원한다는 처방전이다. '복지'는 자연스럽게 '환
경'으로 이어지고, '환경'은 '복지'로 이어지는 것이다. 여기에서야말로 동아
시아의 공공신탁론, '복지장치로서의 국가'가 완수해야 할 보완성의 원리가
있는 것이 아닐까.

제2장

케어에 대해 생각하다

1. 자혜와 자선 그리고 연대

케어학의 필요성

사람의 인생은 케어하고 케어를 받음으로써 성립한다. 동물 중에서도 포유류는 어린 시절이 비교적 길지만, 그럼에도 인간은 독립하기까지 기간이 각별히 길어 케어를 받는 시기가 길다. 뿐만 아니라 평균 수명이 길어진 현대에서 임종은 역시 케어(터미널 케어)를 받지 않으며 안 된다. 또 장애가 있다면 당연히 케어가 필요하다.

시작하는 글에서 기술했듯이 케어의 내용에는 신체적 케어, 마음의 케어, 사회적 케어 그리고 영적 케어로 구별된다. 복지의 구체적인 내용에서 신체적 케어는 주로 고령자나 신체장애인을 위한 케어워크, 마음의 케어는 정신보건복지의 전문직이 주로 취급하고, 사회적 케어는 소셜워크가 담당한다. 영적 케어는 호스피스에서의 간호, 개호의 장면뿐만 아니라 전체적으로 생활전반에 관련한다(표 2-1참조). 특히 시작하는 글에 소개한 다케우치 의사의 책에서 언급했듯이 "암환자의 터미널 케어처럼 질병학적 관점에서 전체적인 생활에 대한 우리들의 시점 전환이 필요"하므로 "생활세계" 전체와 영적 케어는 깊이 관계한다. 그것뿐만 아니라 현대 일본의 높은 자살율도 '살아가는 의미'를 부여하는 영적 케어의 필요성을 시사한다. 우리들은 종합적인 "케어학"으로서 복지학을 정면에 내세우는 시대에 접어들었다. 이 책의 서술은 윤리학의 발전도 포함해서 종합적인 케어학을 수립하기 위한 시도이다.

케어가 유아보육, 고령자 개호에서 단적으로 보이듯이 사회화로 가는 시대이다. 그럼에도 케어가 세금에 의한 '공적 서비스'로 커버가 가능하다고는 생각할 수는 없다. 북유럽은 고부담으로 그것을 시행한다고 말할지 모르지만, 이미 기술했듯이, 고복지 고부담에 이르는 역사적 경위가 일본하고는 전혀 다르므로 주의가 필요하다. 북유럽과 똑같이 고부담이라는 형태의 세부담이 아니라 세금으로 수납되지 않는 분의 돈을 주민상호조직의 설립에 사용한다는 생각도 기술했다. 관의 힘이 아니라 민의 힘을 발휘하는 것이다.

표 2-1 케어의 내용과 복지전문직의 관계

케어의 내용	업무 · 직종
신체적 케어	케어워커
마음의 케어	정신보건복지
사회적 케어	소셜워커
영적 케어	간호, 개호의 장면

일반적으로 케어워크(개호직)는 그 중요성이 지적되면서도 충분히 평가받지 못하고 있다. 이만큼 이웃에 대한 사랑을 실천하는 직업은 없음에도

왜 그럴까. 지금 일본의 개호를 비롯해서 케어워크는 그 의미에 대해서 근본적으로 의식의 변혁이 필요하지 않을까 생각해 본다. 케어워커 자신도 자신의 직업윤리를 확립할 시기가 되었다.

케어워커에 대한 낮은 이미지는 노동의 강도에 비해서 임금이 낮다는 것, 다음으로 이직률이 높음을 이유로 들 수 있다. 낮은 임금을 나타내는 몇 가지 조사가 있는데, 예를 들면 사회복지부(후생성)의 2007년의 통계 자료에서도 이것을 읽을 수 있다. 임금에 대해서 살펴보면, 평균적으로 전체 산업의 경우 33만 엔에 비해서 개호직의 경우 21만 엔으로 되어 있다(표 2-2).

이직률에 관해서는, 전체 산업의 경우 16%. 개호직의 경우 21%(표 2-3). 다만 이직률을 더욱 상세하게 분류한 통계에서는, 이 숫자가 각사업소에 따른 것임을 보이고 있다. '이직률이 높은 사업소와 낮은 사업소'가 완전히 양극화하고 있다. 게다가 '이직률이 낮은 사업소의 직원(10%미만)'은 '전사업의 이직률(16%)'보다도 더욱 낮은 숫자이다(표 2-4).

즉 좋은 사업소에서 일하는 케어워커는 일반직종보다도 임금이 낮음에도 이직률이 낮다는 것이다. 분명하게 일의 내용에 '보람이 있음'을 느끼고 있음을 엿볼 수 있다. 대중매체에서 만들어 내는 이미지에 충분히 주의해야 한다.

그렇다면 '좋은 사업소'는 어떠한 사업소일까. 추측컨대 이용자와 스태프, 혹은 스태프 동료 사이의 신뢰관계가 좋고, 종업원, 이용자를 소중히 여기고, 사명이 분명한 그와 같은 사업소일 것이다. 그와 같은 사업소가 많이 늘어나고, 더욱 양육해야 하지 않겠는가. 무릇 개호와 같은 일은 장애인 지원과 같이 복지, 즉 인간의 행복을 창출하는 일이므로 '노동시장'이라는 형태로 시장원리에 맡겨야 할 분야가 아니다.

표 2-2 개호노동자의 임금 등

| | 일정하게 지급되는 일반노동자의 급여액 | | | | | | | | | | | | |
| | 전체 | | | | 남 | | | | | | 여 | | | |
	일정하게 지급되는 급여(주1)	소정내급여액(주2)	평균연령	근속연수	노동자의 비율(주3)	일정하게 지급되는 급여(주1)	소정내급여액(주2)	평균연령	근속연수	노동자의 비율(주3)	일정하게 지급되는 급여(주1)	소정내급여액(주2)	평균연령	근속연수
전체 산업	330.6 천 엔	301.1 천 엔	41.0 세	11.8 년	68.0 %	372.4 천 엔	336.7 천 엔	41.9 세	13.3 년	32.0 %	241.7 천 엔	225.2 천 엔	39.2 세	8.7 년
복지시설개호원	210.7 천 엔	199.5 천 엔	36.0 세	5.1 년	29.5 %	225.9 천 엔	213.6 천 엔	32.6 세	4.9 년	70.5 %	204.4 천 엔	193.7 천 엔	37.4 세	5.2 년
방문개호원	213.1 천 엔	197.7 천 엔	43.8 세	4.8 년	17.8 %	239.3 천 엔	214.7 천 엔	36.7 세	3.5 년	82.2 %	207.4 천 엔	194.0 천 엔	45.3 세	5.1 년

주1: 일정하게 지급되는 급여-노동계약, 노동협약 혹은 직장의 취업규칙에 따라 미리 결정된 지급조건, 산정방법에 의해서 6월 한 달분으로 지급된 현금 지급을 가리키고, 소정내지급액에 초과노동급여액을 더한 것이다.

2: 소정내급여액: 소정내급여액이란 노동계약 등에 이미 결정된 지급조건, 산정방법에 의해서 6월 한 달 분으로서 지급된 현금지급액(일정하게 지급되는 현금지급액) 가운데, 초과노동급여액(시간외근무수당, 심야근무수당, 휴일근무수당, 당직수당, 교대수당으로 지급되는 급여를 말함)을 뺀 금액으로, 소득세 등을 공제하기 전의 금액을 말함.

3: 전체 산업, 복지시설개호원, 방문개호원의 남·여비율

자료: 사회복지부(후생성) "2007년 임금구조기본통계조사"

표 2-3 이직률의 상황

| | 이직률 팔호 안은 2006년도 고용동향조사 및 2006년도 개호노동실태조사의 이직률 | | |
	전체	정규직	비정규직
전체 산업(주1)	(16.2%)	(13.1%)	(26.3%)
개호직원(주2)	21.6%(20.3%)	20.4%(21.7%)	32.7%(27.3%)
방문개호원(주3)		18.2%(19.6%)	16.6%(14.0%)

주 1: ● 전체 산업의 출전은 "2006년도 고용동향조사결과(사회복지부[후생성])",

　　　● 전체 산업의 이직률에 대해서는 이하의 산식으로 산출한다.

$$\text{이직률} = \frac{\text{2006년 1월에서 12월 기간중의 이직자수}}{\text{2006년 1월 1일 현재의 상용노동자수}} \times 100$$

- 전체 산업에 대해서는 '전체'는 '상용노동자', '정규직'은 '일반노동자', '비정규직'은 '파트타임노동자'를 일컬음.

2: • 개호직원 및 방문개호원의 출전은 "2007년도 개호노동실태조사(개호노동안정센터)", 개호노동실태조사의 이직률에 대해서는 이하의 식으로 산출한다.

$$\text{이직률} = \frac{\text{2006년 10월 1일에서 2007년 9월 30일까지의 이직자수}}{\text{회답을 한 사업소의 2006년 9월 30일의 재적자수}} \times 100$$

자료: 개호노동안정센터 "2007년도 개호노동실태조사"

표 2-4 사업소의 비율에 따른 계급별 이직률

> ○ 이직률의 분포에는 이직률이 '10% 미만'의 사업소와 '30% 이상'의 사업소와의 양극화가 보인다.

	조사사업소수	이직률 단계(%)					
		10% 미만	10- 15% 미만	15- 20% 미만	20- 25% 미만	25- 30% 미만	30% 이상
2직종 합계	3,367	37.6	10.4	7.7	8.3	7.1	28.9
개호직원	2,235	36.6	8.9	7.3	7.4	7.1	32.7
방문개호원	1,705	44.9	11.2	7.0	8.4	6.9	21.6

주: 2직종 합계: 개호직원, 방문개호원의 양자 또는 어느 쪽에 있는 사업소에 있어서의 개호직원, 방문개호원을 합계한 이직률.

자료 : 개호노동안정센터 "2007년도 개호노동실태조사"

개호의 시장화

개호는 원래 가정 내의 일이라는 측면이 있었다. 그러나 이것을 '개호의 사회화'에 의해서 생긴 '노동시장'의 확대로 보았을 때에, 여성에게 기대되었던 직업이었다. 주로 주부층의 파트직으로 여겨지고, 작년의 재원삭감으로 비정규직 여성개호노동자의 부담이 증가하고 있다는 지적도 있다.[1] 물론 남성의 개호노동자의 부담도 감소하지 않는다.

따라서 여기에서 개호라는 '노동'의 질을 근본적으로 반문해야만 한다. 대저 개호(케어)란 무엇인가. 사람을 개호한다는 것은 어떤 것일까. 케어워커를 단순히 가사 레벨로 이미지하고, 그것을 사회화한 후에 '노동'력으로 간주할 때에는, 확실하게 '임금'과의 균형이 문제가 됨을 피할 수가 없다.

그러나 오히려 '케어'라는 인간을 상대로 하는 일이, 커뮤니티의 자치와 시민사회의 성숙을 위해서 어떠한 의미를 갖는가라는 물음을 여기에서 제기하고 싶다. 케어 내지 케어워커는 주민의 네트워크 만들기나 지역복지, 보텀업(bottom-up)적인 시민활동과 연동시키는 것이 필요하지 않을까. 그리고 임금노동이라기보다도 시민의 '활동'이다. 그 활동은 이른바 '새도우 워크(shadow work)'나 '언페이드 워크(unpaid work)'로서 임금노동의 주변부에 있는 일이 아니라, 주민을 대변(advocacy)하는 것이 가능한 만큼의 전문성을 몸에 익힌 일이 아닐까.

영리를 전제로 하는 '노동'인가, 비영리를 지향하는 주민 '활동'인가. 인간의 활동 모두를 '노동'으로 간주하려는 발상은 노동 '시장'의 자동조정기능 안에 케어워커를 편입함을 의미한다. 그렇게 되면 임금이 높은 노동이 고급 노동이고, 임금이 낮은 노동은 저급 노동으로 여겨질 것이다. 케어를 받는 측도 '서비스를 산다'는 발상이다.

그러나 케어워커는 '시장', '안'에서만이 아니라 '밖'에서도 위치가 부여되어야만 한다. 케어는 서비스 산업이라기보다도 '사람과 사람 사이 마음의 접촉'이며 모럴에 기초한 '활동'이 아닌가. 케어워커는 의사, 간호사, 교사와

---

1 杉本貴代榮, 『女性が福祉社會で生きるということ』, 勁草書房, 2008, 64쪽.

같은 전문직이 아닌가. '삶의 필요'에 기초한 역동성이 요구되고, '영역주권'의 확립에 도움이 되는 시민사회 형성의 중심에 있는 활동이 아닐까. 오히려 서비스 산업의 '서비스'의 의미를 '사람에게 맡긴다'는 도덕적 의미를 포함시켜서, 일본사회에서 시민활동을 새롭게 형성하는 노력으로 파악해야 하지 않겠는가. 이 도덕과 윤리 측면에 대해서는 제4절에서 심도 있게 다루고자 한다.

개호보험의 도입에 의해서 가속된 복지 분야의 "조치에서 계약으로"라는 경우의 '계약'은 상품거래에서의 '계약'이 아니고, 시민의 말과 말의 절충, 대화에 의해서 그리고 마음의 접촉으로부터 발생하는 신뢰에 기초한 규정 만들기의 훈련으로 받아들어야 한다. 공동체 형성을 위해서 이전의 '무라(むら, 마을)사회(호흡이 잘 맞는 동질자만으로 성립된 사회)'가 아닌 형태로 다시 사람과 사람이 관계를 맺기 위한 복지를 주민 스스로 만들어 가는 것이다. 특히 개호와 같은 케어워커를 통해서 서로 만들어 가려는 노력이 필요하다.

이후의 케어워커(개호직)에는 소셜워커(복지실천전문직)와 같이 복지 원조 기술만이 아니라, 전문직업인로서의 사회원조의 윤리관이 요구된다(케어윤리). 그리고 사람과 사람을 잇는 시민 레벨의 모럴의 양성은 영적인 것과 관계를 맺지 않을 수 없다(케어의 윤리와 우애모럴, 영성에 대해서는 136쪽 참조).

케어워커는 주민의 의견을 듣고 상담하는 일이 가능한 정도로 레벨이 높은 일이다. 또 그 만큼의 교육과 훈련을 요하는 직종이다. 사실은 유럽에서 고도의 복지가 발달해 온 배경에는 과거의 기독교가 미친 영성의 전통이

용어해설

새도우 워크(shadow work), 언페이드 워크(unpaid work)

가사노동이 '그림자의 일', '무보수의 일'이라는 의미에서 충분히 가치가 있는 일로 여겨지지 않는 부조리성을 표현한 말이다.

깊게 영향을 끼쳤다.

역사에서 배우다

유럽은 근대화가 일찍 일어나 경제활동뿐만 아니라 물질적 풍요로움이 널리 퍼졌다. 그러나 인간을 어떻게 보고 어떻게 다룰까라는 점에 있어서 기독교라는 종교가 완수한 역할은 크다. 과학혁명과 산업혁명이 일어나고 기계문명이 발달하여 인간기계론과 유물론이 발전한 본 고장임에도 불구하고, 이와 같은 기계론과 유물론을 강력하게 비판해 온 것도 다름 아닌 기독교, 특히 성서적 인간관이었다.

그럼 어떤 점에서 성서적 인간관이 오늘날 말하는 복지와 관계를 갖는 것일까. 잘 알려진 "선한 사마리아인의 이야기"를 예로 들어 설명해 보겠다. 이것은 누가복음 10장 25-37절에 나오는 이야기이다.

예수와 당시 예수의 활동에 반대한 유대인(법률학자)사이에서의 "이웃은 누구인가"라는 대화가 있었다. 거기에서 예수는 다음과 같이 이야기하고 있다.

대로변에서 강도를 만나 중상을 입은 사람이 길거리에 누워 있었다. 거기에 당시의 종교적 사회에서 상류에 위치한 사람(제사장, 레위인)이 연이어서 그곳을 지나갔지만 어느 누구도 못 본 척하고 지나갔다. 세 번째로 지나가던 사람으로 하류 계층에 속한 사마리아인이 지나가다가 상처를 입은 사람을 발견하고는 "불쌍히 여겨" 간호를 하고 자신의 낙타에 태워 거리의 여관까지 데리고 갔다. 더욱 여관 주인에게 이틀 분의 숙박료를 지불하고 "잘 돌보아 달라"고 부탁하고 "만약 비용이 부족하면 돌아와서 갚겠다"는 말을 남기고 돌아갔다.

그리고 이와 같은 예를 든 이후에 예수는 그 법률학자에게 "이 세 사람

중에 누가 강도 만난 자의 이웃이 되겠느냐"고 말한다. 그렇다면 물론 "세 번째 사람"이라고 대답한다. 이 이야기는 '이웃 사랑 실천의 전형적인 예'로 여겨져 왔다. 올바른 인식을 나타내고 있을지라도 실천할 수 없다면 어떻게 할 수가 없다는 것이다.

'선한 사마리아인'을 현대복지에 응용해 보자. 사마리아인이 한 행동은 둘이다. 하나는 '불쌍히 여긴' 것, 또 하나는 '돈을 지불한' 것. 여관 주인은 시설을 제공하고 아마도 병간호(介抱)와 식사 등의 케어면도 담당했다고 생각된다. 이른바 서비스 제공이다. 이 이야기의 응용은 현대의 복지의 문제에 시사하는 바가 크다.

이것을 현대적 복지의 용어로 바꾼다면 '현금지급'과 '서비스 제공(인재와 시설, 소프트와 하드)'일 것이다. 현대의 복지에서는 단순히 사마리아인뿐만 아니라 여관주인과 세트가 되어 양자의 행위가 협동 작업이 된다. 기독교 역사상 교회의 복지 활동에서도 중세의 가톨릭교회 이후, 계속 이 두 내용이 나누어지기 어려운 협동 작업으로 진행되어 왔다. 그러나 그 가운데에서 교회보다 국민국가의 힘이 강하게 되고, 적어도 '현금지급' 쪽은 국가가 세금의 재분배라는 형태로 부담하게 되었다.

현대의 복지국가론에서 '자금을 대는 것은 국가'라는 것은 상식화되었지만, '불쌍히 여긴 개포(케어)의 행위'를 최초로 발휘한 것은 역시 사마리아인이다. 여기에서 '선한 사마리아인'에서 현대의 복지와 케어워커가 배워야 할 중요한 점이 있지 않을까.

유럽 중세에서 이 예수의 가르침을 답습해 온 것은 교회, 특히 수도원이었다. 기원전 6세기 수도원 제도의 살아 있는 아버지로도 불리는 누르시아의 베네딕토 수도회 규칙에는 다음과 같이 적혀 있다.

그중에서도 환자에 대해서는 미리 앞서 배려하지 않으면 안 된다. 그들
에 대해서는 예수를 섬기듯이 섬겨야 한다. 진심으로 예수 자신이 "내가
아팠을 때 너희들이 나를 병문해 주었다"고 말씀하셨다. 또 "너희가 이
지극히 작은 자에게 한 일은 너희가 나에게 한 것이다"라고 말씀하셨다
(회칙 36장).

이와 같이 많은 수도원과 교회는 병자, 고아, 빈곤자 등에게 케어를 베
풀었습니다. 현대에서는 수녀 마사 테레사가 이 "지극히 작은 자(마태복음
25:40)"를 인용하면서 자선활동을 했다.

이윽고 16세기, 종교개혁시대가 되면 수도사, 수녀뿐만 아니라 "만인제
사장"의 가르침과 함께 교회가 세상을 향해, 즉 일반시민을 향해 복지적 활
동을 해 왔다. 독일의 마틴 루터(Martin Luther)와 이제 버금가는 스위스 제
네바 종교개혁자 존 칼빈(John Calvin)은 시민활동의 복지에 큰 영향을 미쳤
다. 케어는 성경 가운데에서는 자주 디아코니아(diaconia, 봉사)라는 헬라어
로 표현된다(신약성경 원전은 헬라어로 기록됨). 칼빈과 종교개혁자들에 의해
서 디아코니아를 위한 직무가 교회에 마련되고, 교회 밖에 시민을 위한 병
원, 고아원, 양로원, 빈곤자 수용시설 등을 운영하여 필요로 하는 사람을 케
어했다. 이런 이유로 당시의 도시국가 제네바에는 다른 도시에서 보이는
'구걸'이 없었다고 한다.[2]

복지자본주의 세 가지 체제론에서 '대륙유럽'과 일괄해서 다룬 것은, 앞
서 기술했듯이, 종교개혁 이후의 복지의 발전을 고려하여, 대륙유럽을 서

2　M·E·コーラー, 畑祐喜 譯, 『ディアコニー共同體-奉仕活動の理論と實踐』, 新敎出版
社, 2000, 203쪽.

와 남으로 구별한 것이다. 서유럽의 스위스, 독일, 네덜란드, 벨기에, 오스트리아 등에서는 남유럽과 북유럽 스칸디나비아 제국과는 다르게 국가(행정)와 민간과의 '협동' 내지는 코퍼러티즘(corporatism)이 중간집단(NPO 등)을 매개로 해서 발전했다. 이것은 종교개혁 이후에 그 영향에서 디아코니아의 개념이 시민에 침투했기 때문이었다.

복지의 정신(spirit)은 무엇인가

수 없이 이루어지고 있는 디아코니아 실천의 한 예로서 오늘날에도 영향을 주고 있는 독일의 루터파 목사 프리드리히 폰 보델슈빙(Friedrich von Bodelschwingh)의 활동에 대해서 알아보고자 한다. 마르크스주의의 계급투쟁의 역사관하고는 다른 '우애의 역사관'의 시점에서도 살펴볼 수 있는 좋은 이야기이다.

폰 보델슈빙은 1770년 이후―독일의 산업혁명이 진행하여 자본가와 노동자의 대립이 심해진 상황―에 태어났다. 1848년의 2월 혁명, 3월 혁명, 마르크스, 엥겔스에 의한 공산당 선언, 1862년의 프로이센 왕정 하에서 비스마르크가 재상이 되고 1871년에 독일제국이 탄생한 격동의 시대에 그는 교회의 영적 쇄신운동에 참가했다. 자식 넷을 병으로 잃은 슬픈 고통을 경험한 후에, 독일 북서부의 빌레펠트 시의 디아코니아 시설에서 목사로서 1872년 부임했다.

간질의 아이들을 비롯해서 환자들을 시설 내에서 부모와 함께 가족의 형성을 추구하면서 격리하지 않고 시설 전체가 마을이고 사회이고 가정이며, 환자도 직원도 가족의 일원으로서 공동으로 살아가는 마을 만들기를 지향했다. 그 거리를 '하나님의 영원한 세계에 닻을 내리고 있는' 거리, 하나님의 사랑이 뿌리를 내린 공동체로서, 성경의 지명에서 벧엘(창세기 28:19)로 명명하고, 그곳의 거주자는 10년 사이에 1,000명으로 증가했다.

20세기가 되어 1933년에 히틀러가 정권을 잡자 유태인 박해뿐만 아니라 우생사상에 기초한 중도장애인의 안락사 작전이 실행으로 옮겨졌다. 독일 내의 많은 시설의 장애인이 끊이지 않고 나치 당국에 이송되었다. 이러한 시대에 벧엘 측은 강하게 당국에 저항하여 몸을 던지면서 당시의 약 3,000명의 장애인 대부분을 지켰던 것이다.

현재 벧엘은 약 3.5평방킬로미터의 시설에 대부분의 병원, 집, 작업소, 작업요법소, 여러 학교, 관리동, 공장, 직원주택, 백화점, 우체국, 빵집과 서점 등의 상점, 극장, 공원, 유치원 등 생활에 필요한 모든 시설이 있어서, 일반 도시와 거의 다름이 없다. 이 이외에 베를린, 브레멘, 루르 등 여덟 곳에서 장애인, 환자, 노인, 청소년, 비정주자, 실업자 등이 현재 14,000명, 목사, 의사, 간호사, 복지관계자 이외의 직원과 자족들 11,000명이 함께 살고 있다. 이리하여 벧엘은 '자비의 거리', '이웃 사랑의 거리', '장애인의 천국'으로 불리게 되었다.

독일의 사회복지는 민간의 사회복지단체에 의해서 지탱되고 있다. 민간이 구체적인 서비스를 제공하고, 행정은 현금지급 등 금전적 원조가 주체이다. 전통적으로는 기독교 관계의 복지단체인 디아코니아 사업단(프로테스탄트), 독일 카리타스 연맹(가톨릭)의 두 단체 이외에 비기독교계의 독일 적십자, 노동자 복지단, 유대인 중앙 복지소, 독일 무종파 사회복지 사업단 등 네 민간단체가 있다. 1980년 이후는 NGO 등 다양한 형태로 새로운 '시민단체'가 복지 분야에도 참가하고 있다(caritas는 라틴어로 가톨릭교회가 상용하는 말이다. 영어의 charity[자애]의 의미이다).

이와 같이 케어는 단순히 신체뿐만 아니라 신체적, 정신적, 사회적, 영적이라는 인간 건강의 모든 영역에 걸쳐서 이루어지고 있는 것이다.

여기에서 디아코니아 사업단이 일본의 전후 복지와 관계를 맺은 에피소드를 하나 소개하고자 한다.

독일의 기독교 교회에서 일본으로 선교의 일환으로 이루어진 '디아코니아 사업단'의 활동이다.

'디아코니아 사업단'은 1848년에 설립된 독일복음교회(프로테스탄트 교회)의 국내전도의 중앙위원회와 1945년에 설립된 독일복음교회의 구제조직 중앙사무소가 합병하여 1957년에 조직되었다. 여기에는 24개의 독일복음교회(EKD)와 자유교회, 다양한 직무분야와 전문분야를 갖춘 독립된 시설이 속하고 있다. 종사자는 파트타임도 포함해서 약 30만 명이다. 더욱 16,000 지역의 국교회와 자유교회에서는 등록회원으로 몇 십만 명이 디아코니아의 일에 이름을 내걸고 있다.

바이에른 주에만 50개나 되는 18세 이상의 입학자를 수용하는 복지계 직업훈련 학교를 갖추고 있다. 이 훈련학교에서 5년간의 훈련을 받은 남성은 디아콘(Diakon), 여성은 디아코니세(Diakonisse)로 불리어 기독교 교회 공인의 소셜워커가 된다. 여성은 독신으로 '디아코니세(엄마의 집)'에 속하고, 여기에서 생활을 하면서 주로 환자, 장애인, 노인 등의 개호를 위해서 케어워커로서 활동한다.

실은 일본의 '특별양호노인홈'의 성립과 '독일의 디아코니아 사업단'은 깊은 관계를 맺고 있다. 1953년에 독일에서 일본으로 온 디아코니세(여성봉사자) 하니 울프를 통해서이다. 그녀는 시즈오카(靜岡)현의 미가타가하라(三方が原)에서 병원에서의 무상 자원봉사자 이후에 이윽고 "십자원"이라고 이름이 명명된 양로원을 세웠다. 그리고 이것은 1963년에 노인복지법이라는 법률이 생기고 '특별양로원'이 만들어질 때의 모델이 되었다고 한다.

일본에서도 오늘날 '케어의 사회화'가 제도적으로 개호직을 필요로 하는 시대를 열었다. 단순히 가사도우미로 여겨진 파트직이라는 이미지를 떨쳐 버려야 한다. 케어는 인간의 전체적 존엄을 지원하기 위한 행위이며, 사(私)에서 공(公)으로 매개하는 시민적 공공성의 활동을 위한 전문직임을 자각해야 하지 않을까. 이를 위해서 전문기술 이외에 철학, 윤리, 역사, 공공성 등의 교양을 배울 수 있는 고등교육과 훈련도 필요하다. 또한 국민도 의식을 전환하여 그와 같은 복지문화를 산출하기 위한 복지교육이 지금 필요하다. 이것을 자각해야 하지 않을까.

2008년 7월의 국회결의에서 개호보수를 약간 올리기로 결정했지만, 개호란 무엇인가라는 논의는 깊게 다루어지지 않았다. 인간의 존엄을 지키는 모럴이 이후의 시민사회에서 양성되는 시민적 공공성의 문제로서 고민해야 할 때가 되지 않았나 생각한다. 초고령 사회가 목전에 있다. 이것을 부정적으로 파악하는 것이 아니라 오붓하게 사람들이 지낼 수 있는 성숙한 시민사회로 일본이 탈피하는 전기로 삼아야 되지 않을까 필자는 생각한다.

인간유형과 윤리

에스핑 앤더슨은 복지국가의 세 가지 체제에 대응한 인간유형을 '자유주의적 인간', '가족주의적 인간', '사회민주주의적 인간'으로 들고 있다. 필자는 윤리학적으로 생각해서 '인간애 형태의 표출의 차이'에 대응해서 자유주의적 인간→가족주의적 인간→사회민주주의적 인간의 순서로 이해하고, 이것을 '케어의 윤리'에서 '정의의 윤리'로 이행하는 과정으로 파악할 수 있다고 생각한다.

'케어의 윤리'의 모델은 먼저 '가족' 그리고 '정의의 윤리'의 모델은 민주주의 사회이며 사회계약을 통한 '국가'이다. 그러나 여기에서 '케어의 윤리'와 '정의의 윤리'의 사이 내지는 가정과 국가 사이에 더욱 '연대의 윤리'가 있음을 주장하고 싶다. '연대의 윤리'는 시민사회에 산재하는 다양한 중간 단체가 갖는 윤리이다.

이후의 복지에 대해서 생각할 때에 인간유형은 극히 중요한 문제이다. 일본에서는 유교의 영향으로 전전에는 '가족주의적 인간'이 압도적으로 강했다. 전후는 고도경제성장을 거쳐 자유주의적이라기보다도 오히려 '자유의 착각'에 의한 자기 제멋대로인, 자기중심적인 인간이 늘고 있다. '자신', '사(私)'를 소중히 여기고 자신의 권리주장도 중요하지만, 타자의 권리옹호를 배려하는 교육이 요망된다. 논리적으로는 '개인'의 존엄과 자유가 먼저이고, 개인이 모여서 '가족'이 생기고, 가족이 모여서 '사회'가 생긴다. 이것은 그대로이다.

그러나 인간의 역사적 발전에서 말하면 먼저 '가족'이 있고, 다음으로 '사회'가 형성되어, 근대에 이르러 '개인'의 존엄과 자유가 보장받게 되었다고도 말할 수 있다. '정의'와 '공정', '평등'을 배후에 두고 법률을 만든 것은 주권자이다. 따라서 '정의의 윤리'라고 할 경우 이중의 의미가 포함되어 있다.

즉 주권 '국가'를 강조한 경우도 있다면, '국민' 주권의 국민 한 사람, 한 사람이라는 개인을 강조하는 경우도 있다는 것이다. '국가'가 먼저인가 '개인'이 먼저인가. 그것에 비해서 '가족'은 그 중간에 위치하는데, 가족뿐만 아니라 시민사회의 커뮤니티도 다양한 자발적 집단(NPO, NGO 등)도 그 중간에 위치한다.

이들과 복지 제도는 '우애'와 '연대'라는 윤리관을 통해서 밀접하게 관계를 맺고 있다. 여기에서 '우애'는 프랑스 혁명의 '자유', '평등'과 필적하는 모토이었지만, 일본에서는 아직 충분하게 그 의미를 심도 있게 다루고 있지 않다.

복지의 역사에 대해서 살펴보아야 한다. 유럽과 미국에서는 기독교의 이웃 사랑의 가르침과 복지의 역사가 밀접하게 관계하고 있었다. 제1장에서 살펴보았듯이 북유럽, 서유럽, 남유럽 그리고 영어권과 각각의 기독교 교회의 역사와 복지의 모습이 밀접하게 관계를 맺고 있었다. 그것은 복지 국가론이 생긴 후에도 사회민주주의, 가족주의(corporatism), 자유주의라는 유형론이 생긴 배경이 된다. 일본은 자주 가족주의의 유형론으로 분류된다. 다만 유럽의 가족주의를 대신하여 유교적 가족주의로 불린다.

현대에서 이와 같은 분류는 일본의 경우 적용되지 않는 것 같은데, 다만 전전에서는 분명히 이것이 기능하였다. 그리고 그 의미를 유럽의 기독교가 완수한 역할과의 대비로 알아두는 것이 이후의 일본의 복지의 모습을 결정할 때에 중요하다. 전전은 '가족(私)'이라고는 말하지만 실제로는 국가(公), 즉 가족주의적 국가이다.

'케어의 윤리'는 그 원형이 '가족애'에 있음은 명료하다. 복지도 그 근원에 '가족애'와 '자애', '자선(charity)'에 있는 것이지만, 거기에서 퍼져나가 '우애'의 모럴을 양육하고자 한다.

자혜

전전의 메이지 국가의 경우, '자선'과 '자애'는 파악방식이 크게 달랐다. 일반적으로 '자선'과 '자애'라는 윤리적, 종교적 관념 없이 복지의 내실이 성립하지 않음은 명확하지만, 그것이 국가의 '권력' 구조와 교묘하게 관계가 맺어졌다. 천황제 자혜주의라는 말이 그것을 말한다. 이 '자애'는 '가족애'에 견주어졌다. 그리고 실제로 천황을 자부(慈父)로 여긴 가족국가관을 메이지 국가는 형성했다.

다만 천황자신은 국가원수이며 대원수라는 군사대권을 가지고 국가를 통솔했으므로, 국민에게 '자애'를 나타내는 점에 있어서 상세한 부분에 미치는 적임자가 되기 어려운 면이 있었다. 그래서 그것에 대신하여 황후가 자모(慈母)의 같이 그 역할을 했다. 메이지 시기의 일로전쟁 때에 발행된 잡지에는 이러한 내용이 실렸다.

> 황후 폐하는 구조를 필요로 하는 환자가 혹한에 고생하는 것을 긍휼히 여기셨다. 그래서 전날 일본 적십자병원에 두 줄 홑실로 만든 줄무늬 직물 옷감 40단, 안감 40단을, 동경 자혜병원에 두 줄 홑실로 만든 줄무늬 직물 옷감 50단, 목면 안감 50단을 각각 재봉을 하여 옷을 만들기 위한 돈과 함께 하사하셨다는 것을 들었다(「부인신보」 제93호, 메이지 8년 1월[3]).

'하사'는 매우 흥미로운 말이다. 그것은 천황과 황후로부터 직접 현금, 현물지급을 의미했다. 실은 당시의 황후의 일본적십자사와 애국부인회와의 관계는 빈궁의 구제적인 의미뿐만 아니라 국가를 위해서 희생한 전상병자(戰傷病者)에 대한 인자(仁慈)이며, 일청, 일로전쟁 그리고 그 후의 군사정책과의 관계가 있었다.

또한 관동대지진의 때 정부, 지자체와 함께 황실이 대대적으로 구제의 손길을 펼쳤다. 아래의 글을 보자.

> 순회구호반의 일을 마친 시점에서 관계자가 모두 모여, 하사품을 내리신 황후 폐하 자신이 만족하시면서 관계자의 진력에 감사의 마음을 표하셨다.[4]

---

3   遠藤興一, 『天皇制慈惠主義の成立』, 學文社, 2010, 17쪽.
4   遠藤興一, 같은 책, 19쪽.

이와 같이 구빈과 구제에 대해서 공적 구제가 재정출동으로 이루어진 것이었지만, 물론 정부의 행정처에서도 지급되었다. 그 가운데 천황의 명에 따른 자혜적인 구제의 비율은 어느 정도였을까. 관금구제(官金救濟[휼구규칙〈恤救規則〉])와 자혜구제(慈惠救濟[은사〈恩賜〉, 하사〈下賜〉])의 합계가 공적 구제이지만 공적 구제에 대해서 자혜구제가 상당한 비율을 차지하고 있었다. 엔도 고이치(遠藤興一)의 연구에 의하면 1887-1923년 사이에 해마다 많을 때는 90%, 적을 때에도 20%이다.[5] 90%라는 숫자는 천황중심의 가족국가관을 극명하게 보여준다고 할 수 있다.

자선

이와 같은 '자혜주의'는 유럽과 미국에서 말하는 '자선(charity)'이 아니다. '자선'은 전혀 다른 경로를 갖고 있기 때문이다(일본에도 전전에 수는 적지만, 자원봉사자(volunteer) 활동에 의해서 자선사업을 한 사람들이 있다).

메이지 정부가 검토한 국가 중에 당시의 복지선지국인 영국에서 1834년에 신구빈법이 제정되었다(메이지 정부의 휼구규칙은 이것을 모방한 것이다). 이것을 산업혁명 후의 도시노동자의 빈곤문제에 대한 최저한의 구제조치였다. 그 이후에 민간의 각종 자선조직을 조정하기 위해서 1869년에 자선조직협회(Charity Organization Society, COS)가 생겼다. 이 민간협회는 오히려 국가의 간섭에 대항하는 형태로 행동하며 빈곤을 초래한 개인의 도덕적 습관과 규율을 개선하기 위한 케이스워크(casework)를 주장했다. 이 경우 왜 국가로부터 거리를 두었는가하면 자선의 발상이 기독교 정신과 깊게 관계하고 있었기 때문에, 신앙에 기초한 행동이 자발적인 것이고, 강제력을 동

5　遠藤興一, 같은 책, 31쪽.

반하는 국가의 법률에는 위반되지 않는다고 생각했기 때문이다.

또 COS의 방침은 같은 민간단체로서 시작된 당시의 이른바 세틀먼트 운동(settlement movement)과도 달랐다. COS는 우애방문에 따른 개인의 도덕적 강화에 의한 빈곤탈각을 주안(主眼)으로 삼았다. 그러나 세틀먼트 운동은 '빈곤은 사회경제적 결함에서 생긴다'고 생각하고, 대학생, 기독교인 등이 빈민가로 들어가 빈곤자와의 인격적 만남을 통해서 빈곤의 현실에서 사회과학적인 이해를 지향했다. 옥스퍼드대학에서 가르친 아놀드 토인비(Arnold Toynbee)의 활동을 기념하여 1884년 런던에 창설된 토인비 홀이 세틀먼트 운동의 시작이었다.

미국의 경우는 어떠했을까. COS의 미국판은 영국 런던에서 수학한 S. H. 거틴에 의해서 1877년에 버팔로에서 창설되어 영국 전역으로 발전했다. 신대륙 미국도 산업혁명을 맞이하여 대량 실업자가 생겼는데, 처음에는 교회관계 등의 민간자선단체의 활동이 활발했다. COS에서는 "우애방문원"으로 불리는 자원봉사자(volunteer)가 각 지구를 순회하면서 "베푸는 것이 아니라 우애를"이라는 구호 하에 빈곤가정을 방문했다.

각지에서 같은 조직이 만들어지고 이윽고 1890년에 자원봉사자였던 우애방문원이 유료화가 된 때부터, 우애방문원에게는 전문직의 의식이 생겨서 '전문적 서비스'를 실시하게 되었다. 유료화 된 방문원이 오늘날의 미국의 소셜워커의 경로이다.

COS는 각 구마다 설치된 사무소를 중심으로 구조를 했다. 각 구의 주민으로부터 신규의 신청이 있으면, 구조의 필요성에 대해서 상세한 조사가 이루어진다. 구조가 필요하다고 인정된 경우에는 자택을 방문하여 현금과 의복, 식료 등을 전하는 활동이 이어졌다. 주로 개인과 가족을 대상으로 한 원조기술인 케이스워크의 발전에 기여했다. 이들 활동의 재원은 시민과 교회로부터의 기부였다.

세틀먼트 운동도 바로 영국에서 미국으로 전해져, 1889년에는 J. 아담스 등이 시카고에서 헐 하우스(hull house)를 창설했다. 그 활동은 보육원, 아동공원의 창설, 아동캠프활동, 아동노동보호 운동, 이민지원, 부인참정권 운동 등 각 분야에 거쳐 이루어졌다. 생활빈곤자'를 위해서'가 아니라 '함께' 살아간다는 헐 하우스의 발상은 이후의 미국의 사회복지의 형성에 큰 영향을 미쳤다.

헐 하우스의 활동가로는 아담스를 비롯해서 대학을 졸업한 제1세대 여성들이 몇 사람 있었다. 당시 능력은 있을지라도 여성이라는 이유로 그녀들은 정치가, 변호사, 의사, 성직가가 될 수 없었고, 그 대신 복지 분야에서

용어해설

세틀먼트(settlement)

세틀먼트 사업에는 런던에 토인비 홀, 시카고에 헐 하우스가 창설되었다. 전자는 버넷부처의 지도 하에서 옥스퍼드, 케임브리지 두 대학의 관계자의 협력을 받으며 활동을 개시하고, 후자는 J. 아담스와 E. G. 스타에 의해서 사회개량운동을 전개하는 거점이 되었다. 더불어 일본에는 메이지 이후 다이쇼(大正) 초기에 그 활동이 소개되어서 기독교인 아베 이소오(安部磯雄), 야마무로 군베이(山室軍平), 이시이 쥬지(石井十次)를 선구자로 삼아 도시를 중심으로 발전했다. 이 사업은 불교복지에 선구적인 활동을 한 하세가와 료신(長谷川良信)에 의해서 인보(隣保)사업으로 번역되어, 빈곤 생활자의 생활개선, 아동의 적극적인 보호, 노동자의 교육과 연대, 지위의 향상, 지방자치의 진흥, 사회교화의 촉진 등, 지역주민의 복지향상의 제사업을 책정하고 실시하는 거점으로서 위치를 부여받았다. 카가와 도요히코(賀川豊彦)는 노동조합, 협동조합과 세틀먼트의 체계화를 도모했다. 다이쇼 데모크라시사상과 함께 사회연대의 계급적인 운동의 거점으로도 여겨지고, 빈곤지역의 사회교육적 측면의 중시로부터 노동자계급의 문화 창조와 자주적 민중운동의 측면을 강화했다. 또한 의료활동도 중시되어, 생활상담의 기능과 함께 다이쇼 시기의 사회 운동의 하나의 조류를 이루었다.

자기실현을 달성할 수 있게 되었다.

미국의 세틀먼트의 모체로서는 각 종파의 교회가 중심이 되었다. '교회와 국가의 분리'가 강한 미국사회에서는 정부보다도 민간이 복지를 담당한 역사가 있다. 후에 1930년대의 불황에서 프랭클린 루즈벨트 대통령이 추진한 뉴딜정책으로 불리는 사회보장정책을 담당한 관료 대부분이 세틀먼트의 활동가였던 사실에서도 사상적 영향력을 짐작할 수 있다.

이와 같이 신대륙 미국은 구대륙의 유럽에 비해서 자조의 정신이 강하고, 그 전통은 오늘날에도 남아 있다. 이른바 '사'로부터 일어나서 '공'으로 매개하는 시민적 공공성이 특히 19세기 미국사회에 강하게 나타났던 것이

소셜워크(social work)

사회복지라는 이념과 시책을 사람들의 생활 가운데에서 실현하기 위해서 필요한 다양한 '생활지원을 위한 전문활동'을 소셜워크라고 한다. 소셜워크를 형태별로 분류하면 그 대상과 실천의 내용에서 케이스워크(사회복지 제도에서 말하는 개별원조기술), 그룹워크(집단원조기술), 커뮤니티워크(지역원조기술), 소셜액션(사회활동법), 소셜리서치(사회복지조사법), 소셜어드미니스테이션(사회복지운영관리법), 소셜플래닝(사회복지계획법) 등으로 분류할 수 있다. 특히 공공복지라는 민간(마이크로)과 행정(매크로)의 '협동'을 강조하는 중간의 입장(메조)에서는 커뮤니티워크가 중요하다.

덧붙여서 말하면 1981년의 전미 소셜워커협회의 소셜워크 실천의 정의에는 다음과 같이 되어 있다. "소셜워커실천은 다음의 네 가지 점에서 나타나는 전문직으로 책임 있는 개입을 하는 것이다. ① 사람들이 발전적으로 문제를 해결하고 곤란에 대처할 수 있는 능력을 높이도록 사람들과 관계를 맺는다. ② 사람들에게 자원과 서비스를 제공하는 사회제도가 효과적이며 인간적으로 기증하도록 추진한다. ③ 사람들에게 자원과 서비스와 기회를 제공하는 사회제도와 사람들을 연결해 준다. ④ 현재의 사회정책의 개선과 개발에 관계한다." 이 가운데에서 특히 '사람들의 일상에 밀착된 생활지원'의 전문 활동을 케어워크라고 불러도 좋을 것이다.

다. 그 당시 구대륙에서 미국으로 이주하여 『미국의 민주주의(アメリカの 民主政治[De la démocratie en Amérique])』를 저술한 프랑스인 알렉시스 토크빌 (Alexis Tocqueville)은 지금도 계급제도 등 전통적인 것이 남아 있어서, 그것 과 싸우지 않으면 안 되는 유럽에 비해서 미국의 자유민주주의의 경로를 상찬(賞讚)한다.

원래 미국 전통의 자유주의도 오늘날에는 경제의 분야에서 다른 문제를 야기하고 있지만 말이다.

2. 가족, 중간집단, 시민사회

가족인가, 안티가족인가

토크빌과 동일하게 유럽에서 미국으로 이주하여 민주주의를 상찬한 아 브라함 카이퍼(Abraham Kuyper, 1837-1920)가 있다. 카이퍼는 네덜란드의 수 상도 지낸 정치가, 사상가인데, 그의 시민사회론에 대해서 언급해 두고자 한다.

에스핑 앤더슨에 의하면 네덜란드의 경우, 오늘날의 복지형태는 '가족주 의적 인간'에 의해서 실시되어야 할 분야이지만 실은 이것은 정확하지 않 다. 오히려 '케어의 윤리'와 '정의의 윤리'가 독자의 형태로 관계를 맺은 '연 대의 윤리'에 의해서 중간집단이 담당하는 네오 코퍼러티즘이 보인다. 이 것은 '공과 사의 이원론'을 돌파하는 새로운 '공·사·공공의 삼원론'의 견해 를 제공한다.

'케어의 윤리'의 원형이 '가족애'에 있음은 맞는 말이지만 부모는 아이에 대한 애정을 먼저 교육을 통해서 표현한다. 가정교육의 연장선상에서 학령기의 교육이 있는 것이다. 당시의 유럽의 경우는 교육은 종교를 빼고는 생각할 수 없었으므로 초등학교라면 종교단체가 세운 사립학교뿐이었다. 이른바 공교육, 즉 국가에서 뛰어난 인재를 육성한다고 하는 발상은 19세기 후반에 이르러야 생긴다. 네덜란드에서는 이것은 '학교문제'로 불렸고 카이퍼가 처음 직면한 문제였다.

카이퍼의 시민활동은 1874년 하원의원이 된 때부터 시작된다. 당시 이웃 나라 프랑스 혁명의 여파로 네덜란드에서도 공립학교가 세워져 정부는 "공립학교만 재정을 원조하고 기독교 학교는 부모가 부담한다"는 방침을 세웠다. 카이퍼의 사상에 의하면, 프랑스 혁명은 '무신론이라는 이데올로기와 세계관'을 가진 혁명이므로 국가가 모든 가치의 원천이 되는 이데올로기이다. 이른바 국가 그 자체가 이번에는 하나님과 같은 지위를 차지한다는 것이다.

따라서 국민이라면 애국심을 가지고 나라를 사랑하는 것은 당연한 일이다. 사랑은 가족과 우정에 의해서 육성되는 것이 아니라 국가에 의해서 육성되는 것이다. 이것으로는 참된 인격을 확립하는 교육은 불가능하다고 카이퍼는 생각했다.

마르키 드 사드(Marquis de Sade)의 『규방철학(*Philosophie Dans Le Boudoir*)』 제5장에 보면 "프랑스인이여! 공화주의의 시민이 되기 위해서 조금만 더"라는 부분이 있다. 현대적으로 바꾸어 말하면 프리섹스 만만세라는 의미이지만 그럴지라도 동물이 아닌 인간이라면 인류는 무시할 수 없다. 그래서 말하길

그런데 한 가지 묻고 싶은 것이 있는데, 이러한 난행에서 어떠한 위험이
생기는지, 부친의 불투명한 아이가 태어난다고 말씀하시는지 쳇, 그것

이 어쩌란 말인가. 조국의 모든 인간의 유일한 어머니인 공화국, 태어난

모든 사람이 조국의 아들이듯 공화국에 우리들은 있는 것이 아닌가 [6]

'건전한 가족애'의 파괴자 사드는 명백하게 이번에는 국가의존증에 빠지고 있다. 이러한 당시의 유럽 사조 가운데에서 카이퍼는 애국심을 중심으로 교육하는 공립학교가 아니라, 우애를 육성하는 사립학교(기독교 학교)를 공립학교와 똑같은 기준에서 운영해야 한다고 주장한다. 즉 재정원조는 공립, 사립에 차이가 있어서는 안 된다는 것이다. 이를 위해서 정당을 결성하고, 그것이 오늘날의 CDA(기독교 민주당)의 전신이 되었다(CDA는 현재 여당이다). 기독교 민주당은 그 이후 유럽의 독일, 이탈리아, 오스트리아, 벨기에 등에서 생겼고, 20세기의 정당정치에 큰 영향을 미쳤다. 그 계기를 카이퍼가 만들었던 것이다. 오늘날 네덜란드에서는 공립, 사립이 똑같은 기준으로 재정지원을 받는다. 예를 들면, 유럽에 이슬람교도가 증가하고 있는 시대일지라도 네덜란드에서는 이슬람계 학교가 자유롭게 같은 기준으로 세워진다.

여기에서 배울 점은 이데올로기와 세계관의 다원성을 승인하고, 그것을 법률적으로도 보장한다는 것이다. 이를 위해서 다양한 주장의 다른 중간집단이 공존하는 다원사회가 만들어진다. 이것을 네오 코퍼러티즘에 기초한 다극공존 민주주의(consociational democracy)라고 부른다.

특히 중요한 것은 국가와 정부가 사상을 일원적으로 강제하지 않는다는 것이다. 그것은 법철학적으로 말하면 국가주권론이 제한된다는 것이다. 시민사회의 다양하고 다중한 중간집단의 그룹의 생활영역에 주권이 분산되

---

6 マルキ・ド・サド, 澁澤龍彦 譯, 『新・サド選集第六 閨房哲學』, 桃源社, 1966, 196쪽.

는, 즉 영영주권이 존재한다는 의미이다. 필자가 '주권의 문제'에 관심을 두는 것은 이와 같은 역사를 배경으로 생각하기 때문이다.

'연대의 윤리'로

오늘날 이 생활영역을 중요시 하는 네덜란드 모델로 '가족주의적 인간'을 새로운 형태로 출현시키고 있다. '가족에게 친근한' 정책이 전개된다. 1996년에 풀타임 노동자와 파트타임 노동자의 법적 대우의 균등화가 실현되었다. 여기에서 생긴 워크쉐어링(work sharing)은 정규직과 비정규직의 고용의 차이를 없애고, 일할 수 있는 선택의 폭을 넓혀 가족과 함께 있는 시간을 늘렸다. 육아 중인 가족에게서는 아이들과 아버지가 보내는 시간이 많아짐과 동시에, 시민으로서의 지역공동체 활동과 교육 활동에 참가하게 되었다.

북유럽 모델의 경우는 여성도 풀타임으로 노동시장에 참가하여 일하도록 하기 위해서 보육원 등을 공적 서비스에서 제공한다는 것이었다. 이것은 종래의 생산주의적 복지 체제에 들어가는 것이다. 그런데 네덜란드 모델은 남성이 노동시장에 적극적 진출하는 것을 억제하므로, 전혀 새로운 탈생산주의적 복지 체제라고 말할 수 있다.

즉 경제성장 일변도의 노선이 아니라 환경을 배려한 지속가능 시스템을 지향한다. 남녀 모두 한 사람 당 노동시간을 줄이고(보다 많은 고용을 실현하고), 생활시간을 늘리는 것이다. 노동시장에 의한 생산보다도 시민으로서의 '활동'과 '참가'를 존중한다는 의미에서 새로운 워크·라이프·밸런스를 산출한다.

네덜란드 모델에서 상당히 색다른 것은 '시간의 저축'이다. 2006년 1월에 시행된 '라이프 코스 저축규정(levensloopregeling)'에 의해서 가능하게 되었다. 이에 따라 다양한 형태로 노동자가 이용할 수 있는 장기휴가제도가 만들어졌다. 육아와 개호 등의 케어, 가족의 도움을 위한 터미널 케어, 자기연수, 해외여행 등으로 이용하고 있다.

장기휴가제도를 이용하는 데는 먼저 휴가용 '계좌'를 금융기관에서 개설한다. 그리고 매년 급여 총액의 12%를 한도로 하여 급여의 일부를 개설한 '계좌'에 장기휴가를 위한 비용으로 '저축'하고, 이후에 '저축'의 '잔고'를 인출하여 장기휴가 기간에 사용하는 것이다. 예를 들면, 연간 수입의 12%의 금액을 2년 동안 '저축'했다면, 연 수입의 24%를 '저축'한 것이 되지만, 2년 후에 '잔고'를 인출하여 휴가비용으로 충당한다면, 그 사람은 1년의 24%의 기간, 즉 약 3개월 가깝게 장기휴가를 취득할 수 있게 되며, 게다가 그때에 급여는 100%보장받게 된다. 각 노동자는 최대한 연 수입의 21%까지 '저축'을 증가시킬 수가 있고, 만약 21%의 '잔고'를 한 번에 사용한다면 약 2년에 거쳐 장기유급휴가를 취득할 수 있는 것이다.

더욱 '저축'한 급여금액은 비과세 적용을 받는다. 유급휴가 중의 급여로 지불되는 시점에서 소득세가 과세될지라도 일정한 범위 내에서 세금공제의 대상이 된다. 또한 육아휴가를 위해서 '잔고'를 인출한 경우에는, 곧바로 세제상의 우대조치의 대상이 되므로, 육아휴가 중의 소득보장으로 취득하는 인센티브는 특히 많다. 육아를 위한 정책으로서 잘 기능하고 있다.

이와 같이 '영역주권'은 인생의 전 영역에 거쳐 생활시간의 의미의 영역도 자신들의 것이라는 발상이다.

여기에서 특히 연대의 중요성을 강조하고 싶다. 일본에서는 일찍이 '계급투쟁'과 같은 이데올로기는 배후로 물러갔다고는 하지만, 아직도 사람들은 '우애와 연대의 윤리'의 의미를 충분히 이해하고 있다고는 말할 수 없다. 즉 네덜란드 모델에서는 고용주도 노동자가 삶의 보람을 갖고 일하는 것이 정말로 이익을 올릴 수 있음을 이해하고 있다. 거기에는 이해를 넘어 사람들 사이에 '연대'가 존재한다. 이리하여 '케어의 윤리'와 '정의의 윤리' 사이에 커뮤니티든 직장이든 '연대의 윤리'가 존재함으로써 사람들이 '생활세계'에서 살아가는 '행복도'는 증가한다(참고로 말하면 어떤 기관의 '행복지수' 조사에서는 네덜란드가 1위이고 일본은 25위이다).

자원봉사자(volunteer) 활동이란

'연대'와 함께 자원봉사자에 대해서 살펴보려고 한다. 복지시설 등에서는 자원봉사자 활동을 하는 사람들이 참여하여 스태프의 일을 도와주는 장면을 많이 볼 수 있다. 볼런티어(volunteer)라는 영어가 일본에서 정착한지 한참 되었다. 1957년에 사회복지부(후생성)가 시정촌(市町村) 사회복지협의회의 "복지 활동센터(현 자원봉사자 센터)"에 국고보조금을 개시하고, 다음해에는 문부성이 "부인 자원봉사자 활동 촉진사업"을 개시했다. 이른바 관제의 자원봉사자 촉진이어서, 시민으로부터의 적극적인 운동이 아니었다.

그러나 민간에서도 자원봉사자 활동은 점차로 활성화되어, 특히 1995년의 한신(阪神) 아와지(淡路) 대진재(大震災) 때에는 약 150만 명을 넘는 시민이 자발적으로 피재자(被災者) 구조에 모였고, 그 활동은 매스컴으로부터 많은 주목을 받아, 그 해는 일본의 자원봉사자 원년으로 불릴 정도였다.

볼런티어(volunteer)라는 영어는 라틴어의 *voluntus*(의지)에서 유래했다는 사실에서도 짐작하듯이, 자신의 의지에서 적극적으로 참여하여 일을 인수한 사람을 일컬으며, 통상은 무상이다. 다만 그렇기 때문에 몇 가지 문제점이 생겼다. 첫째, 선의와 관계하는 한 자원봉사자는 '선한 일'에 머물고, 그 행동이 상찬이 대상이 된다는 문제, 둘째, 행동의 계기로 이루어질지라도 지속불가능하다는 문제, 셋째, '하는 쪽'에서 '삶의 보람'으로 자원봉사자를 정의하면 '받는 쪽'이 역으로 불편을 느낀다는 문제이다.

원래 유럽과 미국에서는 주의주의(voluntarism, 主意主義)라는 말이 기독교와의 관계에서 생겼으므로 이른바 자발적인 봉사활동에도 '이웃사랑'의 가르침과 함께 이루어졌다. 따라서 자원봉사자 그 자체가 상찬을 기대한다든가 자기애를 높인다는 성질의 것이 아니었다. 일본에서도 불교의 '자비'와 유교의 '인의 마음'으로부터의 자원봉사자로서 동일하다고 말할 수 있었다. 따라서 그러한 영적인(spiritual) 레벨에서의 이타성에 근거하지 않는 경우에는 자원봉사자 활동 그 자체에 문제가 발생한다.

최근 교육의 커리큘럼에서의 '자원봉사자 활동의 필수화' 등과 같이, 본래는 자유의지로 이루어지는 것을 강요하는 형태로 이루어지는 모순이 나타나고 있다. 또한 '국가는 복지예산을 삭감하기 위해서 시민의 자원봉사자를 도입하려고 한다'는 유의 비판이 생기는 것은 시민사회 형성의 에토스(ethos)가 약한 일본에서의 독특한 논의이다. 오히려 자원봉사자를 무상의 행위에서 유상으로 하여 어느 정도의 지속가능한 레벨에 두고, 시민이 서로 지원하는 복지문화를 만드는 문턱으로 삼는 편이 실제적인 방법이라고 생각한다. 그러나 그 경우에 '유상 자원봉사자'란 본래 무상이어야 할 자원봉사자 활동이 아니라, 오히려 사업적 기업 즉 자원봉사자 정신에 기초한 수익사업을 담당한다는 자각이 중요하다.

경제학자는 자주 '20세기형 생활보장'의 전형으로서 케인즈-베버리지형 복지국가론을 예로 들어 주장한다. 그러나 윌리엄 베버리지(William Beveridge)가 1948년에 『자원봉사자 액션(*Voluntary action: a report on methods of social advance*)』이라는 책을 저술했다는 사실을 잊어서는 안 된다. 복지사회를 만드는 데는 정부에 의한 사회보장 정책만으로는 불가능함을 인식했기 때문이다. 그는 사회의 다섯 가지 악(무지, 불결, 빈곤, 질병, 태만)을 들고, 이것을 격퇴하기 위해서 사회와 경제에 대한 시민의 적극적 '참가'의 필요성을 기술한다.

복지의 경우는 비록 어떤 제도가 정비되느냐에 따라 다양한 생활상의 필요(needs)가 그때마다 발생하므로 자원봉사자 정신은 끊임없이 필요하게 된다. 소셜워크(사회복지 실천)의 과정 가운데에서 오늘날의 자원봉사자 활동의 의미가 있다. 구체적인 예를 역사상의 인물로부터 알아보자.

2009년에 일련의 "賀川豊彦献身100周年行事(카가와 도요히코 100주년 행사)"가 간사이(關西)와 간토(關東)에서 동시에 병행적으로 열렸다. '100주년'은 유명인을 기념하여 준비된 '탄생' 내지는 '사후'라는 행사가 아니었다. '카가와 도요히코가 자원봉사자 구빈활동을 시작한' 헌신 100주년이라는 의미였다. 카가와 도요히코는 실제로 생애를 통해서 '자원봉사자 정신'을 발휘해 온 인물이었다.

카가와 도요히코는 지금으로부터 100년 전인 1909년에 고베(神戸)의 당시 빈민가로 불리는 아라가와(新川)에 뛰어 들어 구빈활동에 몸을 헌신했다. 그는 당시 기독교 전도사를 목표로 하는 21살의 고베신학교의 학생이었다. 의사로부터 결핵으로 생명이 얼마 남지 않았다는 말을 들었지만, 남은 생애를 가난한 사람들을 위해서 헌신하고자 빈민가에 몸을 던졌다. 카가와의 행위는 마더 테레사(1979년 노벨평화상 수상자)의 사랑의 행위와 많이 닮았다.

가톨릭 수녀이었던 마더 테레사의 행위는 하나님의 사랑(Charity of God, 자선)의 표현이지만, 전 세계의 많은 사람은 그에게서 인도주의적인 박애심을 발견했다. 여기에서 '개인의 존중', 매우 연약한 사람에 대한 공감 그리고 시민사회의 모럴 양성의 원점이 있다고 대부분의 사람들이 받아들이고 있다. 다만 마더 테레사가 자선으로서 '구빈'에 철저했던 것에 비하면 카가와의 경우는 구빈활동에서 방빈(防貧)활동으로 옮긴 점이 다르다. 자원봉사자 정신이 점점 확산해 가는 것이다.

빈민가에서 실천한 구빈, 구영(救靈)의 활동은 이윽고 세틀먼트, 노동 운동, 농민 운동, 협동조합 운동, 보선 운동, 무산정당수립 운동 등으로 확대되어 동지들과 함께 일본의 사회 운동의 기반을 구축하게 되었다. 빈민가는 거짓말, 도둑, 싸움, 살해사전, 매춘, 돈을 위해서 양자 살인 등의 '악'이 일상적으로 일어났다. 이 모든 것이 '빈곤'에서 생김을 발견하고, 『빈민심리 연구(貧民心理の研究)』를 집필했다.

1914년에 미국 프린스톤 대학과 신학교로 유학을 떠났고, 귀국 후에 『사선을 넘어서(死線を越えて)』 등을 집필했다. 특히 후자는 자선적 소설로서 150만부가 팔린 다이쇼(大正)기의 최대 베스트셀러가 되었다.

생명을 연장한 그가 평생의 과업으로 삼은 것은 협동조합적인 사회의 건설이었다. 젊었을 때의 빈민구제의 뜻을 가진 이래 '빈곤'해소에 관심을 가졌고, 그것이 경제학에 관심을 돌리게 한 이유가 되어 평생을 그것에 관심을 두었다. 다만 그는 개별과학으로서의 경제학을 구축하기보다 사회실천가로서 경제의 배경에 있는 사상에 대한 고찰에 관심을 가졌다. 그리고 근대경제학이 전제로 삼는 인간관과 자본주의를 엄격하게 비판하게 되었다.

그렇다고 해서 시장만능론을 피하기 위해서 오늘날의 전문영역의 경제학자가 자주 하듯이 바로 정부의 역할을 주장하는 것도 아니었다. 오히려 비시장적인 민간의 역할을 주장한다. 이것이 카가와 독자의 상호부조와 우애에 기초한 각 산업별의 협동조합조직의 주장이 된다.

노동조합에 대해서는 유학 중에 뉴욕에서 목격한 데모에서 '노동자가 스스로 구하는 것 이외에 방법이 없다'고 생각하고, 그것에서 착안했다고 말한다.

만약 오늘날의 빈민계급을 없애려고 한다면 오늘날의 자선주의에서는 불가능하다. 자선주의는 항상 빈민을 증가시키는 경향이 있음은 고대의 종교자선이 구걸을 낳게 한 일과 영국의 구빈법이 실패한 사실을 들어 증명할 수 있다. 그래서 철저한 구제사상은 노동문제의 근저에서 충동해야 한다고 생각한다. 그것에는 사회주의, 사회개량주의, 국가사회주의와 같은 각종 이념과 주장도 있지만, 일본의 지금의 현상에 조명하여 노동조합의 건전한 발전을 이루게 하는 것보다 급무는 없다고 생각한다.[7]

지금은 카가와가 살았던 시대와는 다르지만 일본사회의 역사적 발전 가운데에서 어떠한 형태의 '자원봉사자'와 '연대'가 필요할까. 그것을 우리는 복지사회의 형태의 시점에서 생각할 필요가 있다.

이후의 복지사회를 이루는 데에 있어서 카가와에게서 얻을 수 있는 것은 무엇일까. 복지의 사상가 아베 시로(阿部志郞)가 복지 사업을 평한 다음의 지적이 흥미로우므로 소개한다.

아베에 의하면 사회복지 사업가, 소셜워커(사회복지실천자)는 역사 가운데에서 하나의 순환과정을 형성해 왔다고 한다. 먼저 사람들의 요구가 있었다. 그래서 그 요구에 대응해야 할 당사자를 대신하여 복지 사업가가 의사표시를 한다. 그렇다면 사회가 그것을 받아들여서 국가가 제도를 마련한다. 그리고 국가의 관공서를 대신해서 사업가가 이것을 대행한다. 이번에는 이 제도가 잘 기능하는지를 사업가가 비판적으로 음미하면 제도가 미치

7　賀川豊彦全集刊行會編, 『賀川豊彦全集第八卷 精神運動と社會運動』, キリスト教新聞社, 1964, 484쪽.

지 않는 곳에 새로운 요구가 발생함을 발견한다.

이상의 것을 기호화하면, 요구 1→대변→제도화→비판→요구 2라는 순서이다. 요구의 순환이 있다. 카가와의 경우는 어떨까?

카가와가 젊어서 빈민가에 몸에 던진 것은 사람들의 요구에 대응하기 위해서였다. 빈민가에 매몰되는 것이 아니고 『빈민심리 연구(貧民心理の硏究)』에서 빈곤문제를 호소하였다. 카가와의 이러한 대변은 실제로 제도화로 실현되었다. 다이쇼 민주주의(democracy) 기운도 그 배경을 보면 국가에서 '사회사업'이라는 개념을 도입한 것이다. 예를 들면, 1918년에는 내무장관의 자문기관으로 구제사업조사회(1921년에는 사회사업조사회에 개칭)가 설치되어 생활상태개량, 빈민구제, 아동보호, 구제적 위생, 교화, 노동보호, 소농보호 등의 조성감독을 채택하는 데 이르렀다.

다음으로 카가와는 빈곤을 없애기 위해서는 구빈만으로는 안 된다며 비판적으로 반성하여, 거기에서 방빈으로 활동을 바꾸고, 이를 위해서는 협동조합이 필요하다고 판단하고, 실제로 고베직매조합(1921년)을 조직했다. 더욱 그 대변을 위해서 '우애의 경제학'의 제창에 이른다. 그렇다면 다양한 생활영역에 이 협동조합의 요구가 있음을 깨닫고, 거기에서 다음에서 다음으로 사회 운동으로 만들어 가는 것이 그의 평생의 과업이 되었다. 따라서 그는 하나의 운동이 틀을 이루면 사람에게 위임하고, 또 새로운 요구에 대응해서 다른 운동을 일으켰던 것이다.

카가와의 협동조합운동에는 두 가지 의미가 있다. 하나는 생활방위의 사상, 또 하나는 시민적 결합(연대)의 사상이다. 빈곤을 없애는 데는 단순히 자선에 의존하는 것만으로는 안 되며, 자신들이 자신들의 생활을 구축해 가고 위험요소에 대해서도 방위할 필요가 있다. 이를 위해서 한 사람으로는 불가능하므로 협력해서 각자의 역할을 결정해서 서로 연대한다는 태도이다. 우애와 연대야말로 카가와의 행동의 에토스(ethos)였다.

이러므로 우리는 카가와 도요히코 안에서 '자원봉사자 활동'의 본래의 정신을 발견할 수 있을 것이다.

일본형 복지국가의 내용

1970년대 이후 고도의 경제성장이 그대로 이어진다면 일본은 유럽과 같은 복지국가가 될 수 있을까 하는 의문을 가졌었다. 에즈라 보겔(Ezra Vogel)의 『세계 제일 일본(*Japan as number 1: Lessons for America*)』이라는 책이 출판된 것이 1979년이었다. 당시 이러한 종류의 책이 출판되어 일본의 경제성장은 세계의 경이의 목표이었다.

그러나 당시의 일본의 경제번영은 지금 평가해 보면 특수한 역사적 국가 정책 덕분이었다. 이른바 "호송선단방식"으로 불리는 것이었다. 일본의 경제번영은 경제성장률만이 아니라, 성장의 혜택을 광범위하게 분배하는 한편에서 국민에게 보장을 주는 것에도 성공하여, 그에 따라서 사회의 생산성을 더욱 상승시켰다는 평가를 받고 있다. 그러면서도 이것에 대해서 앞서 기술한 레오나드 쇼파(Leonard Schoppa)의 『마지막 사회주의 나라 일본의 고투(「最後の社會主義國」日本の苦鬪)』는 다음과 같은 충격적인 지적을 한다.

> 1980년대까지 일본사회가 낮은 비용으로 풍요로운 보장을 준비할 수 있었던 것은 일본의 기업과 여성들이 스스로―더욱 무료로―그 무거운 짐의 대부분을 떠맡아 실행했기 때문이다. 여성은 회사를 그만두고 노인개호를 떠맡고, 기업은 불황일 때도 종업원을 해고하지 않은 채 이겨 냈다. 이러한 행동 덕분에 나라는 1엔의 출비도 부담하지 않은 채 국민

의 수입을 유지하고 개호와 육아의 도움을 확보할 수 있었다.[8]

개호와 육아는 오늘날 복지의 중요한 과제가 되었다. 위의 지적은 대체로 정확하지만 그럼에도 많은 논쟁을 환기시킨다.

먼저 여성과 기업을 병렬적으로 다루는 것은 비록 은유적이었다고 할지라도 정확하지 않다. 왜냐하면 기업은 조직이지 인격이 아니기 때문이다. 여성에게는 인권은 있지만 기업에는 인권은 없다. 오히려 종업원인 노동자로서의 인권을 보장하는 데에 기업으로서의 사회적 책임의 일단은 있기 때문이다. 만약 '무료로 희생을 떠맡았던' 것이 여성이라면 일본 여성의 높은 모럴은 상찬(賞讚)받아야 하지만, 그것을 언제까지 계속해도 좋을지는 인권적인 문제는 아무도 생각하지 않았다.

다음으로 기업의 사회적 책임(CRS)에 관한 것이다. '무료로 희생을 떠맡았던' 것이 기업이라면 일본의 기업은 상찬(賞讚)을 받고, 오히려 '일본적 경영'의 미점(美點)으로서 세계의 모델이 되기도 했다. 원래 '기업의 모럴이란 무엇인가'라는 의문 자체가 문제이다. 어쨌든 오늘날의 국제화의 시장적 경쟁의 황파(荒波) 가운데에서 '일본적 경영'은 이제 성립하지 않는다는 것이 경영자 쪽의 주장이기는 하지만 말이다..

그럼 모럴이란 무엇인가? 모럴은 어떻게 발휘되어야 할 것인가? 이것은 21세기의 중요한 인류적 과제이며 철학의 과제이다. 국가의 모럴, 기업의 모럴, 시민의 모럴과 개별에서 다르다. 일본에서 모럴이 아닌 '품격'이 유행하는 배경은 이러한 곳에도 있다.

---

8 レナード・ショッパ, 野中邦子 譯, 『「最後の社會主義國」日本の苦闘』, 毎日新聞社, 2007, 75쪽.

기업은 부와 이익을 만들어 내는 합법적 조직이기 때문에 모럴과 품격이라는 개념에 익숙한지 어떤지는 불분명하다(기업을 담당하는 인간에게는 품격이 요구된다). 그러나 일본인의 의식 가운데에는 국가는 품격을 가져야 한다는 생각이 강하게 존재한다. 원래 필자는 품격이라는 것은 본래 인격에 적용되는 말을 국가 그 자체에 귀속시켜 '국가의 품격'이라는 바에 많은 의문을 느낀다. 그렇다고 해서 국가라는 조직을 '폭력조직에 지나지 않는다'고 단언도 하지 않는다. 이후는 '복지장치'여야 한다고 생각한다.

오히려 국가를 형성하는 국민, 즉 인간에게는 품격과 모럴이 중요하다고 생각한다. 국가를 '복지장치'로서 살릴 수 있을지 어떻지는 전적으로 주권자인 국민의 모럴과 선택에 관련한다.

앞서 기술했듯이 에스핑 앤더슨은 "복지국가의 중점은 남성의 벌이와 부양가족의 소득필요를 만족시킬 수 있게 충분히 관대한 소득이전을 하는 것에 달려 있다"고 말했다. 1980년대까지의 일본에서 '남성의 벌이와 부양가족의 소득필요를 만족시킬 수 있게 충분히 관대한 소득이전을 하는' 것은 유감스럽지만 불가능했다.

3. 케어워크의 정신(spirit)

국제생활기능 분류

여기에서 케어학의 기본이 되는 윤리적, 철학적 기반을 조금 깊게 설명해 두고자 한다. '다양한 인간활동의 평가'라는 것을 보다 깊은 레벨에서 고찰함을 의미한다.

시작하는 글에서 기술했듯이 WHO는 2001년에 국제생활기능분류(ICF)

를 총회에서 채택했다. 현재 의료, 보건, 복지 방면에서는 이것이 국제적인 '공통언어'가 되고 있다. 인간의 생활을 '다양한 측면에서 살핀다'는 점에서 큰 특징이 있다. 이제부터 그것을 조금씩 수정한 형태로 필자의 창발적 해석학의 시점에서 '생활세계'의 철학적 뼈대로서 설명한다. 중심이 되는 개념은 계층성, 상대적 독립성(영역주권성), 상호의존성(보완성)이다.

먼저 '생(生)의 필요(needs)'에서 발생하는 생활기능을 문제로 삼는다. 생활기능이란 사람이 영위하는 생명, 생활, 생존 전체로 아래에서 위로라는 신체구조(body structure), 심신기능(body functions), 활동(activity), 참가(partici-pation)의 네 가지 계층성 내지는 레벨에 따라서 표현된다. ICF에서는 신체구조와 심신기능을 하나의 틀로 묶어서 전부 3계층으로 분류하고, 더욱 횡으로 열거하여 도해(圖解)하는 경우가 많지만 필자는 신체구조와 심신기능을 구별하여 4계층으로 하고, 더욱 신체구조를 토대로 하여 아래에서 위로 다시 표현하겠다(도표 2-1). 사람이 세계에서 발견한 다양한 의미를 행위의 장면에서 표현한 것이라고 생각하면 된다. 이것은 필자가 주장하는 창발적 해석학과 대비시키기 위한 것이다(도표 2-2의 4세계론과 대비시켜보자).

인간은 동물이기 때문에 수족, 심장, 위, 뇌 등의 '신체구조'를 가지고 있다. 이들 신체기관은 유기적으로 조합되어 '기능'을 발휘한다. 동시에 '마음의 기능', 즉 심리(mental) 및 영적(spiritual) 기능도 발휘한다. '활동'이란 생활상의 목적을 갖고 일련의 동작에서 이루어지는 구체적인 행위로, 식사를 하거나 걷거나 화장실에 가거나 목욕탕에 들어가거나 하는 등 주로 사적인 행위 또는 여가활동, 즉 취미와 여행과 스포츠도 활동에 들어간다. ICF에서는 활동을 '가능한 활동(능력)'과 '하고 있는 활동(실행상황)'으로 나누고 있다. '참가'는 인생의 다양한 상황에 관여하는 행위로 역할을 완수하는 것이다. 엄마, 아빠의 갓난아이에 대한 역할, 부모로서의 자식에 대한 역할, 더욱 지역활동과 정치활동 그리고 종교활동 등에 관련하는 일도 포함한다.

생활기능분류는 위의 것이 아래의 것을 토대로 한다. 즉 "참가"는 "활동"을 토대로 하고, "활동"은 "심신기능"을 토대로 하고, "심신기능"은 "신체기능"을 토대로 하지만, 동시에 상호 유기적인 관련이 있다. 예를 들면, 수족절단은 보행을 곤란하게 하고, 글씨를 쓰는 것(書字)이 곤란해지는 등의 '활동'의 부자유를 야기하고, 더 나가서는 실업 등에 의해서 사회 '참가'도 힘들게 하는 경우가 있다. 역으로 직장에서의 인간관계가 원만하지 못해서 우울증 같은 '심신기능' 장애를 유발하는 경우도 있을 것이다. 생활기능이 충분히 발휘할 수 없는 상태가 '장애(disability)'로 심신구조, 기능에 문제가 발생한 상태가 '기능장애(impairment)', 활동에 문제가 생긴 상태가 '활동제한(activity limitation)', '참가'에 문제가 생긴 상태가 '참가제약(participation restriction)'이다.

생활기능은 다음과 같은 다양한 4계층구조로 의미가 부여되지만, ICF에서는 이 생활기능에 중요한 영향을 끼친 배경의 인자를 두 가지 더 도입한다. 환경인자(environmental factors)와 개인인자(personal factors)이다. 환경인자는 주환경, 자연환경, 지구환경뿐만 아니라 인적 환경과 사회환경, 영적 환경도 포함한다. 장애인과 고령자를 위한 의지장구(義肢裝具), 지팡이, 휠체어도 환경인자이다. 이용자, 당사자에게 있어서는 의료, 개호보험, 취업원조 등의 제도도 또한 교회와 절과 신사(神社)에 가는 것도 환경입자에 들어간다. 개인인자로는 그 사람 고유의 생활이력, 가치관, 라이프 스타일, 신앙 등을 가리킨다.

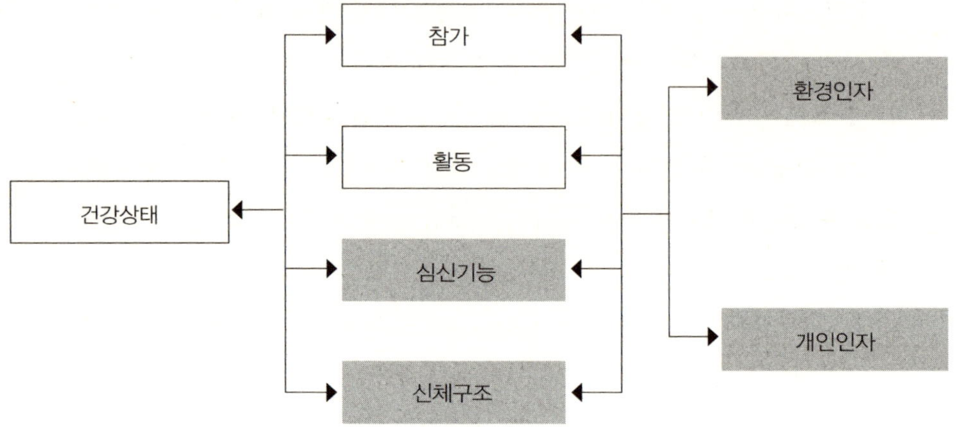

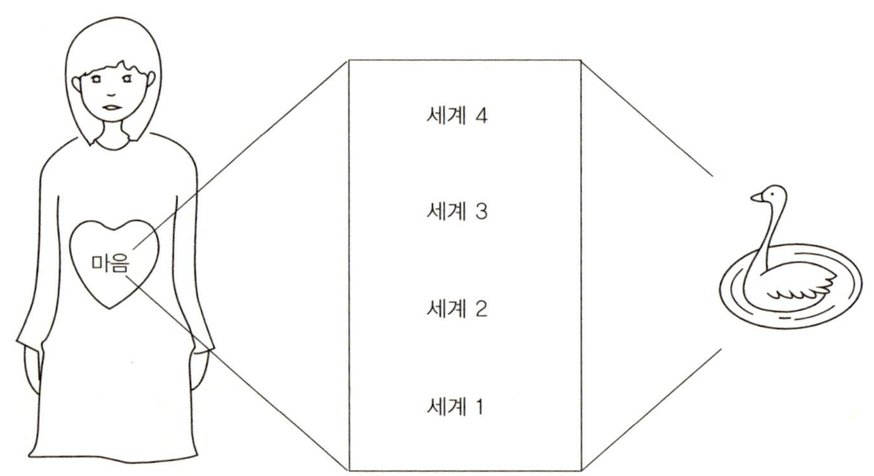

주관이 실재를 인식하는 구조를 필자는 창발적 해석학으로 부른다. 세계 1(자연적, 신체적 의미의 세계), 세계 2(심리적 의미의 세계), 세계 3(사회적, 윤리적 의미의 세계), 세계 4(영적 의미의 세계). 출전: 稻垣久和, 『宗教と公共哲學－生活世界のスピリチュアリティ』, 東京大學出版會, 2004, 62쪽.

재활의 의미

4계층구조 사이에서의 상호 유기적인 의존성에 대해서는 이미 언급했지만 상대적 독립성에는 특히 주의해야 한다. ‘활동’은 ‘심신기능’을 토대로 한다고 말할지라도, ‘심신기능’으로 환원할 수 없는 독립기능이며, ‘참가’는 ‘활동’을 토대로 한다고 말할지라도, ‘활동’으로 환원할 수 없는 독립기능이다. 위의 생활기능은 아래에서 파생하여 더욱 새로운 요소가 더해진 보다 복잡한 기능이다. 각각의 계층에는 독립성이 있지만, 이것을 그 계층영역의 “상대적 독립성(영역주권성)”으로 부른다. 그것과는 역으로 위의 계층이 아래의 계층을 지원하는 것을 “상호의존성(보완성)”으로 부른다.

예를 들어, 하반신 마비로 보행이 곤란한 사람이 목발을 짚거나 휠체어를 사용하는 등의 환경인자로부터 도움을 받아 직장으로 복귀할 수 있는 것은 ‘참가’라는 목적이 ‘활동’을 보완하는 것임에 틀림없다.

지금 만약 이 하반신 마비가 뇌졸중이라는 신체구조의 병 내지는 장애로부터 일어났을 경우를 생각해 보자. 이때에 걸을 수 없다는 ‘활동제한’ 때문에 직장에서 활동할 수 없다는 ‘참가제약’이 발생한다. 하반신 마비를 치료하지 않으면 실직은 당연한 일이라는 생각이라면 이것은 ‘활동’과 ‘참가’의 상대적 독립성(영역주권성)을 인정하지 않는 환원주의의 사고방식이다. 재활에서 기능회복이 가능한 경우는 괜찮을 것이다. 그러나 만약 마비가 완전히 치료되는 것 이외에 ‘걸을 수 없다’는 것을 해결하는 방법은 없다고 생각한다면 역시 환원주의에 빠지게 된다.

무릇 한 번 일어난 뇌졸중은 뇌 내의 혈관구조에서 볼 때 완치되지 않는다. 여기에서 중요한 것은 보다 넓은 재활의 의미이다. 보행보조기구를 사용하여 걷는 훈련을 해서 시간이 조금 걸릴지라도 걸을 수 있다면, ‘활동’할 수 있고 마침내 직장에 ‘참가’도 가능하게 된다. 시간이 걸려서는 안 된다,

빨리 하지 않으면 안 된다고 하는 것은 현대인이 갖고 있는 협박적 관념이다. 그러나 인간의 삶에 있어서 중요한 것은 '참가'하는 것이다. 이것은 '신체구조', '심신구조'와 '활동', '참가'가 각각 관계는 맺고 있지만 그러나 상호 독립한 기능임을 의미한다.

독립성(영역주권성)과 의존성(보완성)은 서로의 경계선 상에 있는 문제로 역방향에서 보지만, 더욱 사회적 문제, 특히 오늘날의 환경 문제를 유비적으로 생각할 때에 중요한 개념의 도구를 부여한다.

문명병에로의 재활

"2020년까지는 온실효과가스 배출량을 90년 대비 25% 삭감한다." 2009년에 일본의 수상이 이야기한 꿈같은 극단적인(radical) 말이다.

오늘날 산업혁명 이후의 근대문명은 이미 지속불가능한 사태에 이르렀다. 지구환경의 악화는 은폐할 수 없다. 근대문명은 기능부전한 질병에 빠졌다. 이대로라면 인간문명은 '죽음'을 맞게 될 것이다. 질병과 장애가 죽음에 이르지 않도록 하는 데는 어떻게 하면 좋을까. 생활기능분류라는 견해는 하나의 힌트를 제공한다.

지속가능사회라는 발상은 산업화 사회에서 비대화된 인간의 욕망을 오히려 자발적으로 조절하도록 요구한다. 이 욕망을 억제하기 위해서 보완적인 의미에서 환경세를 도입하는 방향이 제기된다. 그 의미를 이하에서 순차로 기술하려고 한다.

'인간과 지구에 친절한 생활'이라는 것을 진심으로 제기한다면 근현대문명과 생활방식에 대한 근본적인 반성을 동반한다. 그것은 확실히 아픔을 동반한다. 왜냐하면 내일부터의 '사(私)'의 삶의 방식을 바꾸지 않으면 안 되기 때문이다. 그리고 삶의 방식을 바꾸는 데는 '사상'을 바꿔야만 하기 때문이다. 이제부터 세 가지로 나누어 정리하겠다.

① 근대 이후의 생활방식은 빠르면 빠를수록 좋다, 아니 '빠른 자가 이긴다'가 상식화된 것을 먼저 솔직하게 인정해야만 한다. 근대문명은 '느린 생활방식'을 '뒤지고 있는' 것으로 후퇴시키는 문명이다. 만약 우리가 '느린 생활방식'을 선으로 삼기 위해서는, 이번에는 '근대문명'이라는 '상식'과 싸워야만 한다. 이 '상식'과 싸우는 데는 한 사람 한 사람이 '성인', '군자'가 되어야만 하고, 성전(聖戰, 지하드)을 수행해야만 한다. 이것은 블랙 유머도 아닌 정말로 그렇다.

'욕망을 자유롭게 펼치는 것이 선'이라는 생활방식에 근대인은 완전히 익숙해져 있다. 대량소비사회에 욕망의 비대화는 바로 현대인의 병이다. 이 욕망의 비대화, 비만화, 욕망의 대사증후군 등의 문명병을 자발적으로 억제시켜야 한다. 여기에는 자기를 이겨내는 강한 의사(意思)로 '자기단련'이 필요하다.

욕망을 억제하고 청빈에 안주하는 '성인', '군자'가 된다고 한다면 간고하게 들리겠지만, 요는 유교의 가르침으로 말하면 '인의 마음'을 가진, 우애와 연대로 살아가는 인간이 되라는 의미이다. 욕망의 대사증후군을 극복하는 데는 스스로 산출한 폐기물을 처리하면서 순환형 사회의 전형이었던 농업, 목축문명의 시대로 되돌아가면 된다는 것으로도 안 된다. 인류는 제1의 물결(농업, 목축혁명), 제2의 물결(산업혁명)을 경과하여, 지금은 제3의 물결(정보혁명)에 돌입했다.

② 정보, IT는 전적으로 속도가 생명이다. 컴퓨터 자판을 간단하게 두드리면 지구의 반대편과도 교신도 가능하고, 정보는 1초 사이에 지구를 7바퀴 반의 속도로 달리는 시대이다. 그러나 인간의 정보처리능력은 이것에 따라가질 못한다. 인간의 뇌신경 세포의 전달은 전기적 신호

를 이용하는 것이 아니라 화학적 물질의 교환을 이용하기 때문이다. 원래 인간의 뇌를 모두 컴퓨터에 옮겨놓으면 이야기는 다르다. 그러나 그것은 인간이 인간이 아닐 때 가능한 것이다(국가예산은 그 쪽 방향으로 대대적으로 변경하지만).

따라서 '느린 생활방식'을 회복하는 데는 농업, 목축문명의 좋음을 회복하는 것만으로는 불충분하고 컴퓨터를 사용하지 않는 것을 의무짓는 것이 필요하다. 그러한 것은 이제 불가능하므로, 다음의 처방전은 인간이 인간의 속도로 의사소통하는 훈련을 축적하는 것이다. 이것은 일종의 재활이다.

이것이 재활이라는 의미는 그 전 단계가 '질병'이라는 자각이 있기 때문이다. 만약 현대문명에 대해서 '질병'이라는 자각이 없다면 처방전을 적는 것은 낭비이다. 인류문명은 그대로 죽음을 맞이하는 것 외에는 없다.

그러나 '인간이 인간의 속도로 의사소통하는 훈련을 축적하는 것'은 과거의 어떠한 시대보다도 많아졌고, 오늘날 요구되는 것이다. 한 마디로 말하면 한 사람, 한 사람의 생활방식이 인격적인 대화를 하는 훈련을 쌓는 방향으로 바뀌는 것이다. 이 재활은 바로 '활동'의 레벨에 속한다. 현대인은 적극적으로 이 재활활동에 착수해야 한다.

이것은 분명히 절반 흥행화하는 G8, G10과 같은 정상회담 등 국가 간의 교섭과는 다른 방향이다. 왜냐하면 국가는 인격이 아니라 거대한 기계론적 조직이므로 대화라는 인간적인 가치에 관심을 갖고 있지 않다. 이것은 국가가 필요 없다는 의미가 전혀 아니다.

③ 국가는 국경을 전제로 하는 시스템이지만, 지금 지구환경 문제로 필요한 것은 국경을 넘은 대화이다. 여기에는 국가의 구성원인 국민이

솔선해서 할 수밖에 없다. 사람들은 국경을 넘어서 자유롭게 왕래한다. 그러나 국가는 국경의 내측에만 책임을 지는 시스템이다(국경을 넘어서 행동한다면 그것은 이미 국가가 아니다). 그래서 국가는 국경을 넘을 수 없다. 그러나 대기는 국경을 넘어 자유롭게 왕래하므로 환경윤리의 대화가 국가단위에서 이루어지는 것은 한계가 있다. 따라서 국경을 넘은 상호 자립한 인격적인 사람과 사람의 대화, 사람과 사람의 생활방식의 지역적 교류에서 출발해야 한다. 이것은 이른바 '참가'의 레벨이다. 국제 NGO 등이 이것을 이미 실천하고 있다.

먼저 시민에 의한 '활동'과 사회'참가', 국가는 그것을 보완하는 장치로서 책임을 다해야 한다. 자발적인 생활자 시민의 참가에 의한 당사자주권과 지역공동체의 생활영역의 주권, 그 다음에 작용하는 나라와 국제기관의 보완성의 원리, 이 순서가 중요하다.

시민 한 사람, 한 사람이 '응석부리의 구조'를 탈각해서 국경을 넘어 '타자'를 배려할 수 있는, 즉 덕성을 갖추고 자기와 다른 생각을 가진 자에 대해서 관용적인 인격이 된다. 어디까지나 개개인의 자발성과 자치를 중시하고, '좋은 사회'를 만들기 위해서 서로 돕고 보완한다.

이리하여 욕망의 대사증후군에의 재활은 먼저는 시민 스스로가 솔선수범한다. 다음으로 정부는 '환경세'를 도입하고, 이것을 복지를 위한 목적이 확실한 세금으로서 시민에게 환원해 간다는 처방전이다. '복지'는 순조롭게 '환경'으로 이어지고, '환경'은 '복지'로 이어진다.

4. 케어의 논리와 윤리

2008년 9월, 미국의 대형금융기관의 파탄과 그것에 이은 뉴욕 월가의 주가 대폭락 그리고 동시에 세계 주가의 폭락이라는 위기가 발생했다. 바로 80년 전인 1929년 10월 24일, 월가의 주식이 대폭락하여 세계경제대공황의 발단이 되었던 그 악몽의 기억이 전 세계를 뒤덮었다.

미국발 신자유주의(neoliberal) 시장주의와 세계 금융자본주의가 파탄한 모습을 역력히 느끼게 하는 사건이었다. 세계경제의 불황은 지금도 이어지고 있다.

욕망의 대사증후군은 지구환경뿐만 아니라 오늘날의 금융자본주의도 완전히 위기에 빠트렸다. 인간의 욕망을 컨트롤하고 모럴을 회복하는 것이 불가결하게 되었다. 자기이익의 극대화를 시인하는 '시장원리주의가 실패했다는' 것은 이미 누구의 눈에도 명확하며 각국의 정부가 빠짐없이 시장에 공적 자금을 주입하여 개입하였다.

그럼 시장과 국가의 관계는 어떤 관계를 유재해야 할까? 그리고 시장과 복지와의 관계는 어떤 것일까?

원래 시장의 위기에 어떻게 대응하느냐의 문제는 사회보장의 충실을 지향한 복지국가의 기본구상에 있었다. 시장에만 맡겨 두면 인간의 생활은 위험하므로 인간의 행복을 보증하기 위해서 국가가 개입한다는 사고이다. 시장과 경제현상이 왜 예측 불가능한 위험 요소를 품고 있지 않으면 안 되는가? 그것은 '복잡계' 때문인데, '복잡계'는 필자의 공공철학의 기본과 관련하는 사고와 관계한다. 간단히 말하면 '예측 불가능한 것이 언제나 일어날 수 있는 시스템'이라는 의미이다.

국가, 시장, 가족 그리고 NPO

자연세계는 말할 것도 없는데 하물며 인간의 다양한 사혹(思惑)에 의해서 복잡해질 수 있는 시장이 예측가능할 리가 없다. 복가국가라는 발상은 철학적으로는 시장의 예측할 수 없이 발생하는 위기에 대처한 처방전이라고 할 수 있다.

세 가지 체제 분류에서 문제는 있을지라도 몇 번인가 다룬 에스핑 앤더슨 저서의 독특함은 '국가'와 '시장' 그리고 '가족'의 복지상의 의미를 명확히 한 것이다. '국가'가 왜 복지를 담당해야 하는지, 그 이유를 열거할 때에 시장의 위험 요소를 문제로 삼는다. 역으로 말하면 자조를 강조하는 자유주의 모델의 내적 위험성을 지적한다. 자유주의의 경제활동이 미래의 '자조'에 의해서는 어쩔 수 없는 위기를 본질적으로 포함하고 있다. 예를 들면, 다음과 같은 지적이 있다.

> 정보의 불비(不備)라는 문제도 철저하게 생각해 보면, 포괄적이며 보편적인 복지국가밖에 해결을 요구할 수 없다. 왜 그럴까? 경제학의 시장이론은 완전한 지식을 전제로 하지만, 현실의 리스크 세계는 그것을 명확하게 배제하고 있다.……정보의 불비는 단순한 개인적 문제가 아니라 국민적 문제이다. 사회정책의 입안자과 같이 우리들도 민간의 복지시장이 공정하면서 효과적으로 작용하기 위해서 필요한 정보가 거의 시민에게 전해지지 않는다(또한 전하려고도 하지 않는다)고 생각한다. 그렇다면 우리들은 복지국가의 보편적이며 총괄적인 모습을 생각해야만 한다.[9]

---

9 G·エスピン-アンデルセン, 渡邊雅男·渡邊景子 譯, 『ポスト工業經濟の社會的基礎』, 櫻井書店, 2000, 70쪽.

이것은 명백히 경제현상이 본질적으로 복잡계, 즉 피하기 어려운 예측 불가능성을 갖는다는 사실로부터 귀결하는 것이어서, '개인'의 책임의 범위에 있는 '자조'로는 커버할 수 없다는 의미이다. 그가 경제학의 시장원리의 불비를 지적할 때에 그것은 완전히 옳다고 말해야만 한다. 그러나 그렇다고 해서 이번에는 국가의 전능성에 기대하는 것은 지나치다는 것이다. 북유럽제국은 전체주의의 공포를 경험하지 않아서 '국가'를 향한 전폭적인 신뢰가 가능하다. 기업(시장), 국가, 가족 이외에도 오늘날에는 복지를 담당하는 액터에 NPO와 협동조합, 각종 주민과 커뮤니티의 상조조직 등의 비영리단체(광의의 NPO)도 포함해야 한다(도표 2-3). 여기에서 영역주권에 기초

도표 2-3 복지를 담당하는 네 가지 액터와 부수된 윤리

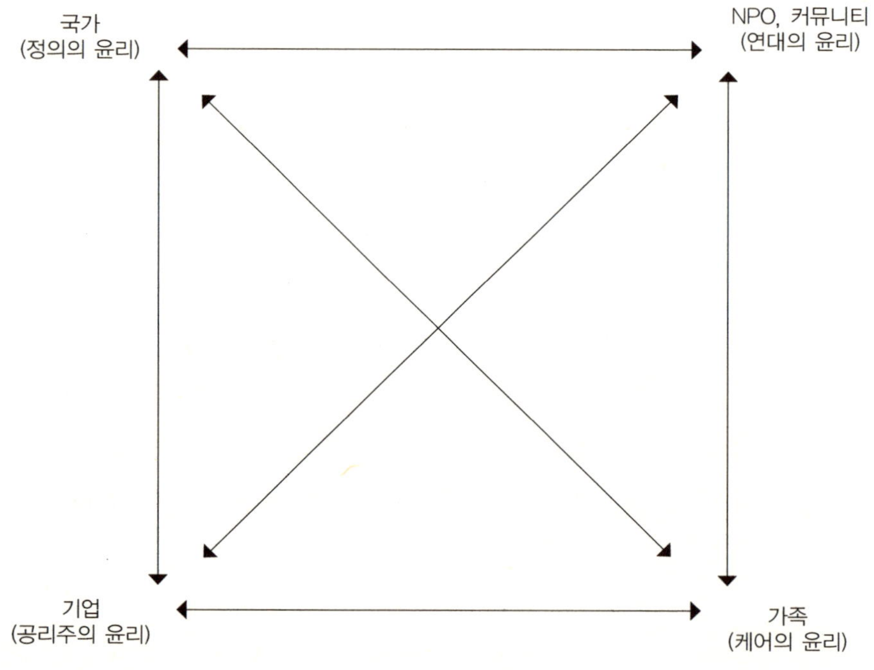

한 '연대의 윤리'가 중요하게 되기 때문이다.

에스핑 앤더슨은 세 가지 체제에 대응한 인간유형, 즉 '자유주의적 인간', '가족주의적 인간', '사회민주주의적 인간'을 들었다. 필자는 '케어의 윤리'에서 '정의의 윤리'의 중간에 '연대의 윤리'가 필요하다고 주장했다.

어린아이 시절뿐만 아니라 일반적으로 어린아이 같은 자기애가 존재하는 것은 충분히 있을 수 있다. 본래는 가족 내의 가족애에 기초한 케어에서 점차로 우애에 기초한 사회적인 케어로 이행한다. 자유주의는 자기애 내지는 자기이익만을 추구하는 '사랑의 형태'를 잘 도입하면서, '마이크로적 자기이익의 추구야말로 시장을 통해서 매크로적 경제이익을 높인다'는 형태로 보편화되었다. 이것이 공리주의 윤리로 불리는 것이며, 바로 인류사 가운데에서 근대계몽주의 이후에 나타난 색다른 발상이 아닐까. 에스핑 앤더슨은 자유주의적 인간에 대해서 다음과 같이 말한다.

> 자유주의적 인간은 자기 개인적인 복지를 계산하는 이외에 어떠한 고상한 이상도 추구하려고 하지 않는다.……자유주의적 인간이 추구하는 복지 체제란, 시장에 참가하는 사람은 복지를 시행하지만 불가능한 사람은 자선의 대상이 된다는 것이다.[10]

> 가족주의적 인간은 완전히 다른 별에서 지내는 사람이다. 그가 가장 혐오하는 것은 원자론과 인간성의 결여로 시장과 개인주의이다. 그에게 있어서 최대의 적은 사람들이 각축전을 벌이는 홉스적인 세계이다. 왜냐하면 사리사욕은 비도덕적이기 때문이다. 인간은 가족을 위해서 일해

---

10 G·エスピン-アンデルセン, 渡邊雅男·渡邊景子 譯, 앞의 책, 240쪽.

야 마음의 평정을 얻을 수 있다.[11]

일본이 근대 국민국가를 이루었을 때의 인간유형은 바로 이 '가족주의'로 일본적 유교에 기초한 가부장주의(paternalism)이고, 그것이 천황제적인 가족국가론을 지지했다. 복지도 천황의 가부장제적 은혜, 즉 자혜주의적 복지가 기본이었다. 가족애를 모델로 하여 바로 가족국가관을 주장한 것은 근대 일본의 큰 문제점이었지만, 가족애가 '케어의 윤리'의 원형임은 이후의 일본의 복지를 생각할 때에 잊어서는 안 되는 일이다.

전전의 '가족주의적 인간'의 반동으로 전후는 '자유주의적 인간'이 이상으로 여겨졌다. 자유와 평등을 중시하고 개인의 존엄을 지킨다면 자유주의는 크게 환영받아야 한다. 사실 자유주의는 그것을 기대한다.

그러나 한편에서 자유주의의 경제이념은 자유경쟁에 따른 자기이익의 추구에 있고, 그것에 제동을 거는 이론이 없다면 '자기 개인적인 복지를 계산하는 이외에 어떠한 고상한 이상도 추구하려고 하지 않는다'는 철저한 사리사욕의 추구, 바로 '욕망의 대사증후군'을 산출할 수밖에 없다. 시장에서 자유경쟁의 시인은 격차를 낳고, 거기에서 낙오한 사람은 '자선의 대상이 되어야 한다'고는 말하지만, 저변에서 허덕이는 사람에게는 사회보장재원의 차단으로 수당을 받지 못하는 상태이다. 바로 '시장의 실패'가 극에 달했다고 말할 수 있다.

이것으로는 너무나도 공정을 결여한 것으로, 자유주의 측에서도 처음부터 격차를 고려한 수정이론을 낸 학자가 미국에 있었다. 존 롤스(John Rawls)의 『정의론(*Theory of Justice*)』이 그것이다. 한 마디로 말하면 자유주의적인

<hr />

11 G·エスピン-アンデルセン, 渡邊雅男·渡邊景子 譯 ,같은 책, 240쪽.

미국에서도 사회민주주의적인 발상이 나왔다는 의미이다.

인간관과 윤리학의 변경

그럼 사회민주주의를 담당하는 인간유형이란 어떤 것일까. 에스핑 앤더슨에 의하면,

> 사회민주주의적 인간은 인생을 하나의 기본적인 사고에 기초하여 구상한다. 그것은 그도 또한 어떤 사람도 결핍이 없음과 동시에 무임승차도 없는 세계에서만 풍요롭게 될 수 있다는 생각이다. 사회는 서로의 나눔이 요구되는 곳이므로 서로 잘 나누는 편이 바람직하다.[12]

북유럽과 같이 인구가 적고(예를 들면, 스웨덴은 900만 명) 더욱 보편적으로 국민교회에 모두가 소속하고 있는 나라에서는 사회민주주의는 잘 기능한다. 그러나 역사도 정신적 풍토도 다르고 1억 2,000만 명의 인구가 사는 일본에서 그것이 잘 이루어진다고는 생각할 수 없다. 북유럽과도 다르고 미국과도 다른 일본에 맞는 '계약제도'의 복지를 완성하고자 한다. 이를 위해서는 사람과 사람과의 관계를 맺는 학문, 즉 윤리학이라는 학문을 근저에서부터 재고할 필요가 있다. 새로운 복지는 일본에 맞는 새로운 윤리학의 구축에서 시작된다.

윤리학은 오늘날 순수한 윤리학보다도 응용윤리학의 형태로 전개되는 경우가 많아졌다. 예를 들면, 환경윤리로 불리는 분야도 생명윤리, 기업윤리, 정보윤리 등의 응용윤리학으로 불리는 것 중에 하나이다. 그러나 윤리

---

12 G・エスピン-アンデルセン, 渡邊雅男・渡邊景子 譯 , 앞의 책, 70쪽.

학 그 자체는 본래 철학의 한 분야이고, 공공복지라는 장르를 든 이상, 윤리학을 어떻게 다룰까를 조금 심중하게 생각할 필요가 있다. 그리고 윤리와 법률은 어떤 관계를 갖고 있는가 하는 점도 있다.

여기에서 윤리학의 사전적 의미는 '사회적 존재로서의 인간 사이에서의 공존의 규범, 원리를 고구(考究)하는 학문(廣辭苑)' 그리고 지금 이 정의를 '인간의 사이'에서 '자연의 사이'로도 확장해서 자연과의 공존도 도모할 필요가 생겼다.

환경윤리에서는 '지구의 유한성'이라는 중요한 요소가 있음을 기술했다. 근대사고의 출발점은 지구자원의 무한성에로의 신앙이었다. 산업혁명 이후, 자원은 무한하게 존재해서 경제도 무한하게 성장해 간다고 믿었다. 그러나 그것은 누구의 눈으로 확인해도 명확할 것이다. 무한에 대한 신앙은 환상이었다는 것을 말이다.

먼저 무엇보다도 오늘날 우리는 무한한 진보를 지향한 상승사고를 그만두고, 역으로 유한성에서 출발해야하지 않을까. 우주선 지구호의 현실에서의 출발이다. 이와 같이 유한성에로 발상을 전환했을 때에 윤리학의 틀은 과거와는 크게 바뀔 것이다. 서양의 윤리학의 출발점은 소크라테스로부터 시작된 그리스 철학이었다. 그 중심은 '선'과 '무한'의 추구이다.

필자는 종래와 같이 '선(이것은 영원의 존재라는 그리스적 존재론과 이어졌다)'을 지향하고, '덕'을 연마해 가는 윤리관은 더 이상 기능하지 않는다고 생각한다. 그것보다도 오히려 인간의 악을 솔직하게 인정하고, 지금 주어진 유한성 가운데에서 악을 억제하면서 공존한다는 윤리관을 개발해야하지 않을까. 이것이 윤리학의 전환의 출발이다.

지금 존재하는 자연과 세계, 생명을 감사하게 생각하는 자세를 필자는 '은혜'의 사상이라고 부른다. 지구환경은 누구 한 사람에게도 차별 없이 주어지는 공동은혜이다. 그리고 이 은혜에 응답하는 자세를 필자는 '책임'의 사상이라고 부른다. 윤리학의 틀에 '덕'과 동시에 '책임'을 더하고자 한다. 왜냐하면 덕은 개인윤리에 머무르지만 책임은 개인윤리뿐만 아니라 '설명책임'과 같이 조직 가운데에서의 책임으로서 사회적인 의미를 가져 공공의 윤리가 되기 때문이다. 그러나 사유의 전환을 하는 데는 서양윤리사상사의 근간에 대한 성찰이 필요하다. 여기에서 개략적으로 설명하고자 한다.

그리스적 윤리

플라톤, 아리스토텔레스에 유래하는 윤리학은 독특한 존재론에 기초하고, 그 중심에 선과 덕을 세우고 있다. 플라톤에게서는 존재론과 지식론이 연결됨과 동시에 존재론과 논리학도 역시 연결된다. 플라톤은 국가, 정치사회, 즉 폴리스(polis)를 혼자서는 살아갈 수 없고 더욱 많은 것이 부족한 인간이 그 필요를 충족시키기 위해서는 함께 살 장소로 파악했다(『국가[Application]』, 3698B-C). 이와 같은 필요에서 탄생한 국가는 세 계층(통치자, 병사, 노동자)으로 구성되었고, 그것이 또한 인간의 영혼의 삼부분설(이성, 기개, 욕망)에 대응했다. 그와 같은 국가가 지향해야 할 덕목은 행복이며 더욱 국가의 한 계층만의 행복이 아니라 국가 전체가 가능한 한 행복하게 되는 것을 주장했다(『국가[Application]』, 420B-C). 행복은 선한 것을 소유하고 향수하는 것이다.

그럼 선한 것이란 무엇인가. 이 선(agathos)에는 두 종류가 있다. 즉 인간적인 선으로서의 건강, 신체의 강건함, 미, 부 그리고 신적인 선으로서의 혼, 이 혼의 삼분설에 대응한 사덕, 즉 지혜(사려), 용기, 절제, 더욱 이들의 요약으로서의 정의 등의 덕(arete)이 포함된다(『국가[Application]』, 433A이하). 이 두 종류의 선 가운데 후자가 보다 상위의 선이며 따라서 국가 전체의 참된 행복을 위해서는 이들 네 가지 덕의 실현을 목표로 삼아야 한다(『법률 [*Nomoi*]』, 631B-D, 697A-C, 963A). 바꾸어 말하면 '필요'에서 탄생한 국가가 지향해야 할 국가 전체로서의 목표는 사람들이 단지 살아가는 것이 아니라 '선하게', 즉 올바르게 아름답게 살아가는 것이다(『크리톤[*Criton*]』, 48B, 『법률 [*Nomoi*]』, 707D).

이것이 플라톤의 기본 사상이다. 또 여기에 공통선(common good)의 개념도 명확한 형태로 나온다. 다만 이들 선, 덕이란 윤리학의 기본개념이 국가와 연결된 것이 특징이다. 국가라고 할지라도 당시는 이른바 도시국가여서 오늘날의 주권성을 가진 근대 국민국가와 동일시하는 것은 잘못이다. 따라서 도시에 사는 주민은 시민이므로 오히려 시민도덕으로서 선과 덕을 생각하는 것이 오늘날 플라톤에서 계승해야 할 과제이다. 국가도덕으로써가 아니라 시민도덕으로써 말이다.

또한 국가도덕으로 생각하지 말아야 할 다른 이유가 있다. 그것은 그리스적인 국가관은 내면적 도덕과 깊이 관계를 갖고 있지만 지금의 국가는 그것과는 달리 전혀 외면적인 장치에 지나지 않기 때문이다.

아리스토텔레스도 기본적으로 플라톤을 계승한다. 그는 선을 행복(*eudaimonia*)으로 동일시하고, 행복 그 자체를 인간의 모든 행동의 최종 목표로 삼았다. 이리하여 최고선에 대한 물음에서 출발하여 덕론으로서의 윤리학을 전개했다. 선이란 '덕에 따라서 이루어지는 영혼의 활동'이다. 최선의 생활은 지혜, 용기, 절제, 정의 등의 덕에 입각한 행위, 즉 유덕한 생활(『정치학[*Politika*]』, 1323b40-1324a2)이며, 개인의 선을 실현하기보다도 정치사회의 공통선을 실현하고 유지하는 편이 보다 아름답고 신적이라고 기술한다(『니코마코스 윤리학[*Nicomachean Ethics*]』, 1094b10).

중세에 접어들면 아우구스티누스(Aurelius Augustinus)는 선에 대한 플라톤의 물음을 기독교적으로 변형한다. 그것은 다음의 네 가지로 정리할 수 있다. ① 이미 플라톤에서 최고선을 하나님과 동일시하는 길이 열렸다. ② 그

아우구스티누스(Aurelius Augustinus, 354-430)

서방 기독교 교회의 최대 교부이다. 저서 『고백론(*Confessiones*)』은 고대자전문학의 최고결작으로 후세에 영향을 준 시간론을 포함하고 있다. 『신국(*The City of God*)』은 기독교 역사상 최초의 역사철학의 시도로 정치사상상 중요작품이기도 하다. 사상의 플라톤주의적 성격 때문에 그 영향은 중세는 프란시스코 학파에 머물렀지만, 종교개혁 이후에는 프로테스탄트 신학에 큰 영향을 미쳤다.

것에 기초한 사상, 즉 하나님을 아는 것과 하나님을 사랑하는 것에서만, 현재 도달할 수 있는 것이다. ③ 하나님 이외의 대상은 모두 하나님을 향해서 질서있게 정리된다. ④ 이것과의 관련에서 도입된 계명의 개념이다. 그 계명은 계명으로서 하나님의 영원한 법(*lex aeterna*)이라는 표현에 기초한다. 그 내용은 자연법(*lex naturalis*)으로서 우리의 정신에 각인되어 있고(황금률), 역사적으로는 하나님의 계명으로서 십계명 가운데에 계시되었다.

덕에 대해서도 기독교는 플라톤―아리스토텔레스의 사덕(지혜, 용기, 절제, 정의)에 성서가 주장하는 믿음, 소망, 사랑을 삼덕으로 첨가하고, 더욱 스토아학파적인 의무론을 더한 것만으로 윤리학의 구조자체에 큰 변화는 없다.

우애사상의 원점

그리스 윤리학은 사랑에 대해서도 이야기한다. 사랑의 모습에는 네 가지 정도를 생각할 수 있다. 먼저는 '남녀의 사랑', 다음으로 '가족의 사랑'이다. 이것들은 극히 자연적인 사랑이다. 다음으로 '우애'가 있지만 이것은 서로 노력이 필요하다. 그리고 마지막으로 '하나님의 사랑(*agape*, 아가페)'이다. 아가페는 헬라어이지만 주로 그리스 윤리학과는 다른 전통의 신약성경의 용어로 기독교의 중요한 개념이다. 신약성경이 "믿음, 소망, 사랑"이라고 할 때의 '사랑'은 원문에서는 아가페라는 헬라어가 사용되고, 인간의 경우에도 전용해서 사용된다. 마더 테레사가 '사랑(charity)'이라는 말을 사용할 때는 주로 이 의미이다.

그리스 윤리학에서는 플라톤은 에로스(*eros*), 아리스토텔레스는 필리아(*philia*)라는 헬라어를 사용해서 '사랑'에 대해서 논한다. 그럼 오늘날의 사회복지와의 관계에서 이들 전통은 어떻게 재구성될까.

'가족애의 연장으로서의 케어현장'에서의 '타자에로의 사랑'의 근거를 살펴보기 위해서는 사적 영역에 관해서, 즉 '공공권'의 앞에 있는 '친밀권'에 대해서 충분한 이해가 필요하다. 그래서 훈련된 모럴(도덕)을 몸에 익히는 것이 선결문제이다. 준비 없이 '사랑'에 대해서 공공의 장에서 이야기하고, 사회복지의 근거로 삼는 것은 혼란의 원인이 된다. 사랑의 필요성은 말할 필요도 없지만, 정치가의 레벨에서 이야기한다면 그것이야말로 모처럼의 동포에로의 '사랑'의 개념이 '나라를 사랑하라'든가 '애국심' 등의 진부한 방향으로 이용될 수 있다. 실은 플라톤의 사랑(eros)에 이미 그런 위험이 잉태되어 있었다.

플라톤은 『향연(Symposion)』에서 사랑(eros)에 대해서 이야기한다. 에로스는 '그것이 일으키는 경쟁 때문에 인간에게 있어서도 국가에 있어서도 유익한 것(Phaidros)'이다. 여기에서 소크라테스는 '에로스의 진리', '사랑의 진리'를 이야기하려고 한다. 모든 사랑은 그것이 욕망하고 있는, 즉 그것에 결여되어 있는 무엇가를 향한 사랑이다. 에로스란 욕망이며 욕망이란 결여이다. 소크라테스에 의하면 "현실에 없는 것을 욕구하는 것이며, 자신이 갖고 있지 않은 것, 자기 자신 그렇지 않은 것, 자신에 빠진 것, 이것이 욕구와 연애의 대상이 된다(『향연[Symposion]』, 200E)." 이와 같이 에로스에는 위험한 면이 부수적으로 따른다. 불교에서 말하는 '집착'에 가까울 것이다.

플라톤의 존재이해에는 시간으로부터 초연하여 시간을 무시한다. 플라톤의 에로스가 향하는 대상은 선 그 자체이며, 이 현상계의 것이 아니다(이데아의 세계). 즉 생성의 세계, 시간의 세계에는 없고, 무시간적인 영원한 세계에 존재한다. 에로스란 상대적으로 말하면 보다 선한 것에 대한 추구, 절대적으로 말하면 완전한 존재의 추구이다. 완전성의 척도의 하나에 영원의 지속이 있다. '언제라도 변하지 않는 동일한 것'이 진실한 존재에로의 접근의 첫 걸음이 된다. 시간이라는 관점이 아니라 영원이라는 관점에서 완성되는 플라톤의 에로스는 에로스가 향하는 대상에 어떤 책임도 지지 않다. 영원한 존재에는 책임은 필요하지 않다. 인간에게 책임의 감정이 생기는 것은 오히려 유한한 존재로서 사라져 가는 존재를 향해 나갈 때이다.

에로스가 향하는 대상은 이성, 학문, 국가, 물질 등이다. 특히 사회성과의 관계에서 에로스가 물질을 향해 나갈 때에 시장원리주의가 출현한다. 끝없는 자기이익 추구의 욕구이다. 이것은 이윽고 자기와 동시에 타자도 파괴하는 위험성을 잉태하고 있다.

플라톤의 에로스(사랑)에 비해서, 아리스토텔레스의 필리아는 '우애'로 번역되어도 괜찮은 개념이다. 아리스토텔레스는 『니코마코스 윤리학(*Nicomachean Ethics*)』에서 사덕 즉, 지혜(사려깊음), 용기, 절제, 정의를 이야기한 후에 제8, 9장에서 필리아(우애)에 대해서 이야기한다.

에로스가 결여에로의 갈망이라고 한다면, 필리아는 "향수하며 기뻐하는 능력"이고, 에로스로 환원되지 않는 사람들 사이의 사랑이며 "서로가 상대에 대해서 호의를 품고 상대를 위해서 선한 일을 바라는(『니코마코스 윤리학』[*Nicomachean Ethics*] 제8권 2장 1155a4-5)" 것이다. 비록 연인사이의 사랑이라고 할지라도 에로스로 다 이해할 수 있는 것이 아니라 "상대의 사람됨을 소중하게 생각할" 것이고(『니코마코스 윤리학』[*Nicomachean Ethics*] 제8권 4장 1157a12), 하물며 부부의 사랑에서는 "서로 상대의 미덕을 자신의 기쁨으로 여기는(『니코마코스 윤리학』[*Nicomachean Ethics*] 제8권 12장 1162a15-33)" 것이 없다면, 결혼생활은 소원해지고 파탄할 것이다. 부부의 사랑뿐만 아니라 필리아는 부모의 자식에의 사랑이며, 자식의 부모에의 사랑이며, 형제애이다. 더욱 가족애를 넘어서 '친구를 사랑하기 때문에 그들의 행복을 기원하는' 것이 필리아이다. 필자의 생각으로는 여기에서 '가족애의 연장으로서의 케어현장에서의 사랑'이 생긴다.

그리스적 윤리의 문제점

여기에서 필자는 플라톤, 아리스토텔레스의 전통에서 한 가지를 주의하고 싶다. 그것은 존재론의 문제이다.

실은 플라톤과 아리스토텔레스의 덕 윤리학의 배후에는 독자의 존재론이 있었다. 즉 인간의 덕이란 인간이 있을 수 있는 최선의 '존재'의 상태를 나타내고 있다는 것이다. 그리고 이 존재란 무시간적인 영원과 관련하고 있다.

'시간과 관계하지 않는 존재'라는 발상이 그리스적 존재론의 특징이며, 여기에서는 시간과 함께 사라져 가는 것에 대한 긍휼함이 없다. 그리고 그것이 서양윤리학에서 긴 시간에 거쳐 '책임'이라는 개념, 따라서 '케어의 윤리'가 거의 고찰되지 않았던 이유였다. 그것을 명료하게 지적한 사람은 현대철학자 한스 요나스(Hans Jonas)이다. 현대윤리학에 있어서 대단히 중요한 내용이므로, 요나스의 의논의 대강을 소개해 두겠다. 요나스는 '존재'보다도 '관계'를 중시하므로 환경윤리학에 크게 기여했다.

지금 우리는 인간의 존재와 세계의 존재가 영원하지 않고 유한함을 알고 있다. 플라톤과 우리들의 사이의 2,000년 이상의 간격에서 나타나는 극단적인 차이는 과학기술의 발달이다. 그것이 우리에게 우주의 유한성, 지구의 유한성의 현실을 깨닫게 해주었다. 따라서 인간의 덕을 영원존재에 결부시키는 것이 아니라 유한존재에 결부시키도록 전환해야 한다.

플라톤의 에로스적 의구심은 영원에로의 종교적 법열과 종이 한 장 차이이다. 그러나 우리는 이와 같은 상승사고적인 종교심이 아니라, 유한하여 사라져 가는 것에 대한 자비와 사랑이라는 하강적인 종교심을 필요로 한다. 이것이 윤리적 세계에로의 관심을 불러옴과 동시에 대화적, 토의적인 관용의 민주주의를 산출하기 때문이다. 이때에 비로소 '책임'이라는 개념이 윤리학 가운데 중심과제로 들어갈 수 있을 것이다.

'은혜와 책임'에서 '케어의 윤리', '연대의 윤리'로

요나스는 책임의 개념을 윤리학의 중심에 두려고 할 때에 자녀의 존재와의 유비를 사용한다. 이것은 탁견이다. 자주 존재(이다)에서 당위(해야 한다)로 전환의 곤란함이 윤리학의 과제가 되지만, 지금 막 태어난 아이의 존재는 무조건적으로 부모가 '돌보아야 한다'는 당위의 감정을 불러일으킨다. 부모는 아이의 돌봄을 무조건적으로 받아들인다. 아이는 그대로 방치해 두면 죽고 만다. 그 사라져 가는 존재에 대해서 부모는 무조건적으로 책임을 다해야 한다. 부모는 아이의 '얼굴을 보면서' 무조건적으로 책임을 다한다. 이것을 아이 편에서 보면 아이는 무조건적으로 부모의 은혜를 받은 것이 된다. 여기에서는 '책임'과 '은혜'의 비대칭이 존재한다.

부모는 아이에 대한 책임을 다할 때에 아이로부터의 보상을 기대하지 않는다. 이 경우의 책임은 대등한 거래나 계약에서 발생하는 것이 아니다. 따라서 보상을 기대하는 상거래의 '계약제도'와는 근본적으로 다르다.

유한하며 사라져 가는 것에 대한 무상의 사랑과 애처로움에서 생긴 책임이다. '덕'이 아니라 '책임'이 윤리학으로 도입될 때의 기본이 여기에 있다. '케어의 윤리'의 원형이다. 그리고 부모의 사랑과 친근한 사람에 대한 사랑은 아리스토텔레스적으로 표현하면 '우애(필리아)'가 된다.

이와 같은 부모가 책임을 가지고 아이에게 베푼 은혜는 일방적인 것이며 무상으로 베푸는 은혜이다. 아이는 이 은혜를 이번에는 책임으로 갚을 것이다. 그러나 누구에게 갚을 것인가. 실은 이 은혜를 갚아야 하는 상대는 자신이 부모가 되었을 때에 자신이 낳은 아이에게 갚는 것이다. 이와 같이 책임과 은혜는 세대를 계승하여 서로 갚아간다. 여기에서의 감각은 '살아가게 되는' 것에 대한 은혜와 책임이다. 사람과 사람 사이에서 '얼굴과 얼굴을 맞대고' 살아가게 되는 인격적인(personal) 감각이다. 자신은 왜 살아가는가에 대한 물음이다.

이것은 무시간의 윤리학이 아니라 시간 안에서의 윤리학이다. 서양 윤리학을 크게 전환시키는 실마리가 여기에 있다. 그것은 선-덕의 무시간적이며 실체론적인 윤리학의 개념에서 은혜-책임의 시간적이며 관계론적인 윤리학의 개념에로의 전환이다.

그리고 이 경우의 '은혜'는 이미 기술했듯이, 지구환경을 전 인류에게 주어지는 '공통은혜'로 파악하려는 국경을 넘은 공공신탁론과 관계한다. 일본의 전전과 같이, 천황이 신민(臣民[赤子])에 게 베푸는 은혜가 아니다. 유교적 윤리관으로 말하면 '천'으로부터의 은혜이지, '천황'으로부터의 은혜로 슬쩍 바꿔치는 것이 아니다. 전전의 국민도덕론이 이와 같이 변질한 유교가 된 역사가 있어서, 특히 일본적 풍토에서 이 점을 주의해야 한다.

서양의 주류 윤리학은 존재를 기초에 앉힌 덕의 윤리학에서 이제 계약의 윤리학으로 변화한다. 어쨌든 무시간적이며 '동시대적'이다. 근대의 시민 사회론에서 중요한 역할을 한 사회계약론도 동시대인 사이에서의 계약에 지나지 않는다. 아직 태어나지 않은 역사의 미래 시대, 즉 장래세대는 계약 밖에 존재한다. 그러나 지금 우리가 직면하고 있는 윤리학은 지구 생태계의 유한성, 천연자원의 유한성을 시야에 둔 윤리학이어야 한다. 이때의 윤리학은 시간 안에서의 윤리학, 세대 간의 윤리학이어야 한다. 세대윤리학이 되었을 때에 비로소 '공공신탁론'과 같은 차세대를 배려하는 윤리가 가능하게 된다.

이상의 고찰은 사회심리학적으로도 충분히 의미가 부여된다. 에릭 에릭슨(Erik Erikson)은 청년기의 동일성(identity)으로 잘 알려진 인물이지만, 실은 그는 성인기의 심리사회적 계약으로서 제네레티비티(generativity)를 들었다. 제네레티비티라는 용어의 번역은 아직 통일되어 있지 않다. 여기에서는 '세대생성성(世代生成性)'이라고 해두겠다. 필자는 이 말과 개념이 세대윤리의 확립에 완수할 역할은 매우 중요하다고 생각한다.

에릭슨은 여기에서 명확하게 제네레티비티(세대생산성)가 돌봄(care)이라는 덕을 낳고 더욱 그것이 세대 계승적 과제와 '책임'에 불가결하다고 말한다. 이것이 '케어의 윤리'이다.

이리하여 인간관계에서 선(good)에 기초한 덕(virtue)과 동시에 은혜(grace)에 기초한 책임(responsibility)이야말로 21세기 윤리학에서 진지하게 생각되어야 한다.

이상과 같은 '케어의 윤리'는 사람과 사람이 깊은 관계를 맺고 있는 곳, 즉 '안면이 있는 사람'의 모임인 지역사회(community)라는 비교적 작은 레벨의 공동체, 국가나 지방자치보다도 훨씬 작은 공동체 가운데에서 유효한 윤리이다. 글로벌 시장주의, 중앙정부의 관료제적 복지국가에 익숙한 현대 일본인의 복지감각에서는 회복해 나가는 것은 매우 어려운 방법이지만, 윤리적 에토스를 연마하는 노력이 특히 교육의 세계에서 반드시 필요하다.

'케어의 윤리'는 '생명에 대한 자애'에 기초한 비대칭의 윤리이다. 부모의 자식에게 베푸는 자애는 어른 세대에서 아이들 세대에로의 자애로 유비적으로 확대된다. 또한 어린 아이가 부모로부터 받은 자애의 은혜를 이번에는 책임으로 갚는 상대는 자신이 어른이 되었을 때에 자신이 낳은 아이에게 갚는 세대간 윤리가 있다. 동시에 '부모세대'에 유비적으로 갚을 가능성도 있다. 이것이 우애로 촉발되어 사회화한다면 고령자 케어가 된다.

　이와 같이 '케어의 윤리'는 아리스토텔레스의 우애, 더욱 그것을 넘은 기독교의 이웃사랑, 불교의 자비, 유교의 인애(仁愛)에 필적하는 사회적 행위이며, 인류에게 있어서 가장 고도의 윤리이다. 다만 최대의 문제는 시장원리에 적합하지 않다는 것이다. 그것은 당연한 일이다. 시장원리는 '욕구충족'에 의해서 기능하므로, '욕구 컨트롤', '절제'를 주장하는 도덕, 윤리에는 적합하지 않다. 그러나 환경에 대한 배려는 말할 것도 없고, 인간의 경제활동은 시장원리만으로 이루어지는 것이 아니다.

　예를 들면, 케어는 경제적으로는 서비스 산업으로 시장적 가치에 적합한 부분이 있다. 그것과 동시에 협동조합적인 우애에 기초한 연대경제에 속하는 부분과 더욱 순수하게 영성적인 행위, 즉 우애에서 이웃사랑, 자비, 인애에 필적하는 사회적 행위의 부분이 있음을 이해하는 것이다. 이와 같이 '케어의 사회화'에는 경제, 법－정치, 도덕, 윤리, 종교의 다층적인 인간의 행위가 관계하지 않으면 안 되는 것이다. 동시에 지역 내지는 이웃 커뮤니티로서 그 규범을 비교적 작게 취하지 않으면 충분하게 기능하지 않는다는 점에도 주의를 해야 한다.

　우리들은 매일의 '생활'에서 갖가지의 '은혜'를 입고 있다. 하늘로부터의 명을 받은 은혜, 가족으로부터 받은 은혜, 지역과 이웃 등의 커뮤니티에서 함께 살아가는 은혜 그리고 자연과 지구환경으로부터 받고 있는 은혜. 이와 같은 은혜에 응답하는 형태로, 커뮤니티의 차세대의 아이들과 더욱 고령자로 돌아가는 우리들의 책임이 '케어의 윤리' 그리고 '연대의 윤리'라는 것의 내용이다.

제3장

공공에 대해 생각하다

1. '공공의 정신'이란?

이미 여러 번 기술한 '공공'에 대해서 이번 장에서 체계적으로 설명하겠다. 그 전에 중앙교육심의회의 중간보고가 문제가 있으면서도 종래의 공공을 대신해서 '새로운 공공'을 도입했으므로, 먼저 그것을 소개하겠다. 이것은 문무성 홈페이지(HP)에 공개되어 있다(2002년 11월). 실은 이 중간보고가 2006년 12월의 교육기본법의 개변과 관련이 있었다. 문무성 홈페이지에서 공공성의 논의에 있어서 중요한 것은 "'공공'에 관한 국민공통의 규범의 재구축"에 있는 아래의 인용부분이다.

'공공'에 주체적으로 참가하는 의식과 태도의 함양의 시점

사람은 혼자서 안전하게 살아갈 수 없다. 자신의 생명과 자유를 지키고 행복을 추구하기 위해서는 개인이 모여 신탁에 의해서 사회와 국가라는 '공공'을 형성하고, 그것을 통해서 자신의 안전과 권리를 향수할 수 있어야 한다. 그리고 이와 같은 '공공'을 만들어 유지할 수 있는 것은 구성원이며, 주권자인 국민 한 사람, 한 사람이지 그 누구도 아니다.

이 사실에 입각해서 21세기 국가와 사회의 형성에 주체적으로 참가하는 일본인의 육성을 도모하기 위해서는 정치적 교양(정치에 관한 지식과 판단력, 비판정신 등)에 더해서 국가와 사회 등 '공공'에 주체적으로 참가하거나 공통의 사회적 규범을 만들어, 그것을 준수하는 의무를 중시하는 의식과 태도를 함양하는 것과 개인의 존중과 조화를 꾀하는 것이 중요하다. 또 지구의 환경 문제 등 국경을 초월한 인류 공통의 과제가 국제적 규모로까지 확대되고 있는 현재, 호혜의 정신에 기반을 두고 이러한 과제의 해결에 적극적으로 공헌하려고 하는 새로운 '공공'의 창조에 참가도 또한 중요하게 된다.

여기에서 처음 부분의 "개인이 모여 신탁에 의해서 사회와 국가라는 '공공'을 형성하고……주권자인 국민 한 사람, 한 사람"과 마지막 부분의 "지구의 환경 문제 등 국경을 초월한 인류 공통의 과제가……새로운 '공공'의 창조에 참가도 또한 중요하게 된다"는 크게 '공공'의 파악방법으로 평가할 수 있는 시점이다. 무엇보다도 국가만이 아니라 사회, 즉 시민사회가 더욱 새로운 '공공'으로서 국경을 넘어서 존재하고 있다는 의식, 이것은 전후 민주주의 60년의 성숙도로서 눈이 번쩍 뜨이는 부분이다. 이어서 다음 문장을 보겠다.

일본인의 아이덴티티(전통, 문화의 존중, 향토와 나라를 사랑하는 마음)의 시점, 국제성의 시점

국제사회를 살아가는 교양 있는 일본인으로서 자신이 국제사회의 일원임을 자각하고 국제사회에 공헌하고자 하는 의식과 함께 자신의 정체성의 기초가 되는 전통, 문화를 존중하고, 향토와 나라를 사랑하는 마음을 갖는 것이 중요하다. 그리고 이와 같은 자신의 나라를 사랑하고 평화 가운데에서 생존하는 권리를 지키고자 하는 국민 한 사람, 한 사람의 생각이 우리나라뿐만 아니라 같은 생각을 가진 타국의 사람들도 존중해야만 한다는 국제적인 시점과 통하는 것이 된다. 그러나 교육기본법에는 이와 같은 시점이 명시되어 있지 않다.

또 '공공'에 주체적으로 참가하는 의식과 태도의 함양을 도모하기 위해서라도 국가와 사회, 그 전통과 문화에 대해서 바르게 이해하고 애착을 갖는 것이 중요하다.

다만 여기에서 "교육기본법에는 이와 같은 시점이 명시되어 있지 않다"는 것은 정확하지 않다. 왜냐하면 구기본법 전문에 "우리는 개인의 존중을 중시하고 진리와 평화를 희구하는 인간의 육성을 기대함과 동시에 보편적으로 게다가 개성 풍부한 문화의 창조를 지향하는 교육을 철저하게 보급하지 않으면 안 된다"고 적혀 있기 때문이다. 원래 '향토와 나라를 사랑하는 마음'이 이와 같이 국경을 초월하는 '공공'의 자각 가운데에서 위치를 부여할 수 있다면 그것은 큰 의미가 있을 것이다.

그러나 이 부분은 2003년 3월 20일의 답신에는 다음과 같이 짧게 변경되고 말았다.

'공공'에 주체적으로 참가하는 의식과 태도의 함양

사람은 혼자만으로 독립하여 존재할 수 있는 것이 아니라 개인이 모여 '공공'을 형성함으로써 살아갈 수 있다. 이 사실에 입각해서 21세기의 국가, 사회의 형성에 주체적으로 참가하는 일본인의 육성을 도모하기 위해서 정치와 사회에 관한 풍부한 지식과 판단력, 비판적 정신을 갖고 스스로 생각하고, '공공'에 주체적으로 참가하여 공정한 룰을 형성하고 준수함을 존중하는 의식과 태도를 함양하는 것이 중요하며 이들의 시점을 명확하게 한다.

일본의 전통, 문화의 존중, 향토와 나라를 사랑하는 마음과 국제사회의 일원으로서의 의식의 함양

세계화가 진전하는 중에 자신의 나라와 지역의 전통, 문화에 대해서 깊이 이해하고, 존중하고 향토와 나라를 사랑하는 마음을 육성하는 것은 일본인으로서 지금의 국제사회를 살아가는 데에 있어 매우 중요하다. 동시에 다른 나라와 지역의 전통, 문화에 경의를 표하고, 국제사회의 일원으로서의 의식을 함양하는 것이 중요하며, 이러한 시점을 명확히 한다.

이 답신에 있어서는 중간보고에서 나온 국경을 초월하는 '새로운 공공'의 내용은 사라지고 말았다. 그리고 '공공=국가', 즉 '낡은 공공'이라는 방향으로 잡아당겨지는 것이 명백하다. 이것으로는 이 책에서 기술하고 있는 복지문화를 육성하기 위한 시민적 공공성의 내용을 거의 살릴 수 없다. 그리고 이것이 더욱 압축되어 2006년 12월 15일에 성립된 신교육기본법의 "공공의 정신(전문, 제2조 제3항)"과 '애국심'의 도입에 이르렀다.

더욱 '공공'과 '공'의 구별도 없다(다음 절에서 상술한다). 왜냐하면 신교육기본법에는 "법률에서 정한 학교는 공의 성질을 갖는다(제6조 제1항)", "사립학교가 갖는 공의 성질(제8조)"처럼 '공'의 말도 사용되기 때문이다. 의미의 차이를 생각하면 사립학교가 갖는 성질은 '공'이 아니라 '공공'이다. 결국 2006년의 교육기본법의 개정은 '공'과 '공공'이라는 일본어와 개념의 사용방식이 충분히 음미되지 않았다.

그러나 이미 이러한 형태로 신교육기본법에 '공공의 정신'이 삽입된 이상, 시민 측은 시민적 공공성의 개념을 갖고, 이것을 시민사회의 풍요로운 복지문화 형성에 살리는 실천이 요구된다. 그렇지 않으면 21세기의 국제사회에서 뒤떨어질 것이다. 따라서 만약 여기에서의 '공공의 정신'을 단순히 교육 커리큘럼 안에서 '자원봉사활동을 필수이수 과목으로 한다'는 형식으로 왜소화한다면 정말 유감스러운 일이다. '새로운 공공'을 확실하게 시민의 것으로 여기는 배움이 필요하다.

이러한 흐름 안에서 2009년 9월에 정권교체가 일어나 '새로운 공공'은 보다 시민에 가까운 것으로 변하는 기운이 생긴다. 예를 들면, 2010년 1월 29일의 제174회 국회에서의 하토야마(鳩山) 내각 총리 시정방침 연설에서는 "'새로운 공공'에 의해서 지원받는 일본"이라는 부제 아래 다음과 같은 내용이 기술되어 있었다.

> 사람의 행복과 지역의 풍요로움은 기업에 의한 사회적인 공헌과 정치의
> 힘만으로 실현할 수 있는 것이 아니다.
> 지금, 시민과 NPO가 교육과 육아, 거리 만들기, 개호와 복지 등의 과제를 해결하기 위해서 활약하고 있다.……사람을 지원하고 도우미 역할을 하는 것은 그 자체가 기쁨이 되어 삶의 보람이 된다. 이러한 사람들의 힘을 우리들은 '새로운 공공'이라 부르고, 이 힘을 지원함으로써 자립과 공생을 기본으로 하는 인간다운 사회를 구축하고, 지역의 연대를 재생함과 동시에 비대화된 '관'을 슬림화하는 것으로 연결하고 싶다.

다만 정부의 사이트에서 말할지라도 시민이 솔선해서 하지 않으면 '새로운 공공'은 단순한 "그림에 떡"이 되고 말 것이다.

2. 퍼블릭의 역사와 의미

공·사·공공의 삼원론으로

공공사업, 공공투자, 공공단체……. 이러한 사용방법에서 생각해 보면 '공공'이란 행정의, 정부의, 관공서라는 의미로 사용되는 단어라고 생각하는 사람이 많을 것이다. 일단 사전적 의미를 확인해 보면 '공공'은 "사회전체에 관한 것", 공공성은 "넓게 사회 일반적으로 이해, 영향을 갖는 성질. 특정한 집단에 제한되는 것 없이 사회전체에 열려 있는 것(大辭林)"이다. 여기에서도 공공성의 담당자는 정부나 지자체로 생각해도 무리가 없다. 그러나 그것은 이 말의 일면에 지나지 않는다. 그 사실을 복지의 과제로 명확하게 하는 것이 이장의 목적이다.

필자의 '공공'에로의 접근 방법을 스스로 "공공철학"이라고 불러 왔다. 이 경우, 공공철학이란 단순히 '공공성'에 대해서 논의하는 철학이라기보다도 '공공성'을 둘러싼 다양한 학문분야와의 대화와 공동(共働) 작업을 촉구하는 아카데미즘 안에서의 일련의 운동을 가리킨다. 필자의 공공철학을 목록별로 간결하게 정리하면 '공·사·공공의 삼원론', '활사개공', '영역주권(보완성)' 세 가지 키워드가 있다. 이들 개념이 무엇을 의미하는가에 대해서 이하에서 하나씩 풀어가기로 하겠다.

20세기가 끝나고 일본의 버블경제가 붕괴한 이후의 고이즈미(小泉) 내각의 시대, 정치의 구조개혁으로 불렸던 것은 "관에서 민으로", "시장에서 가능한 것은 시장에"라는 내용이었다. 그러나 이 말투의 문제점은 먼저 '관' 과 '민'의 이원론이고, 그 위에 '민'이 '시장'과 거의 동의어로서 사용되는 점 이다. '시장'은 모든 것이 금전적 가치로 환산되고, 경제효율이 최우선된다. 만약 '민'을 그러한 '시장이 모든 것'이라는 개념과 동일시하는 것이라면, 사 람들에게 큰 오해를 불러올지 모른다. 그럼 자유경쟁에 따른 약육강식의 세계가 되어 버린다. 실제로 부정적인 측면이 국내적으로 '격차의 확대', '승 자와 패자의 분리', '지방의 빈곤화'를 초래했고, 세계적으로 2008년 가을의 미국발 금융위기를 불러왔고, 결국은 일본정치에도 영향을 미쳐, 자민당 정권을 붕괴시키는 데 이르렀다.

먼저 '관'에서 '민'으로라고 할 때에 '민'을 시장과 동등하게 생각해서는 안 된다. 분명히 '민'은 관영기업이 아니라 민간기업, 국영화가 아니라 민영 화라는 시장적인 의미도 있다. 동시에 '민'은 비시장적인 것과 비영리적인 것을 가리킨다. 즉 금전적 가치로 환산되지 않는 생활현장, 거기에 살고 있 는 '주민', '시민'을 일컬으며, 행복이란 의미로 해석하는 편이 좋다고 생각 한다.

비영리활동(NPO)과 비정부조직(NGO)의 담당자, 지금까지 존재한 다양 한 협동조합이나 공제조합 등의 상부상조 조직, 이들도 시민이라는 말의 뉘앙스가 갖는 큰 측면이다. 먼저 이와 같은 발상이 갖는 중요성을 확인해 두고 싶다. 그리고 이 책에서는 '공공'이라는 말을 '시민'의 측으로 가져오려 는 의미로 사용한다.

'공공'에 비해서 일본어의 '공(오오야케, おおやけ)'은 너무나도 막연하여 사 회과학적인 용어로서는 정의하기 어려운 말인데, 먼저는 '오카미(お上)'라는 의미를 굳이 정치구조 가운데에서 표현한다면 국가기구, 정부, 관, 지자체 등 제도화된 강고한 조직을 일컫는 경우가 많다. 이제부터 이와 같은 의미

에서 '공'이라는 말을 '공공'하고는 구별해서 사용한다. 다만 오해가 없도록 강조해 두지만, '공적'이라는 말은 본래는 정부나 지자체 등 구체적으로 제도화된 시스템을 가리키는 말이 아니고, 어디까지나 추상적이며 편의적이고 상대적인 말이라는 의미이다.

그리고 '공'과 '사'의 '사이'에 있고, '사'에서 '공'으로 매개하는 역동적인 개념이 '공공'이다. 슬로건으로 말하면 종래의 공·사 이원론에서 공·사·공공의 삼원론이라는 것이다.

'사'는 어디까지나 '개인', 타자가 아니고 바로 '나의 인격'이며, 법률적으로는 권리의 주체이다. 그럼 인격이란 무엇인가? 인간은 넓은 의미에서의 학습과 교육을 통해서 다음과 같은 것을 몸에 익힐 때 성숙한 인격이 된다.

① 언어표현을 통해서 자기의식을 갖는다.

② 타자를 향한 신뢰와 사랑을 갖는다.

③ 사회생활에서 자유스러운 도덕적 판단과 행위 및 책임을 갖는다.

물론, 안전하게 원만한 인격을 갖춘 인간은 없고, 개성과 문화배경이 다르면 '바른 행동'도 각각 다른 의미로 받아들여질지 모른다. 그러나 사람이 앞서 기술한 것과 같은 '노력목표'를 갖고, 타자와의 대화 가운데에서 성장하려는 의미를 가지면 그것은 좋은 인격이다. 질병과 장애, 고령 때문에 또 아이들 때문에 이런 것들이 충분히 달성되지 않는 경우도 있다. 그럼에도 타자와의 관계 안에서 살아가는 한 인간은 인격이다. 또 여기에서 '자유로운 도덕적 판단을 갖다'는 악을 의식하면서 일부러 악을 선택하는 것이 인간에게는 가능하며 실제로 역사상에 얼마든지 그 예가 있다. 즉 이러한 모습도 인간이라는 종의 특징(기독교의 가르침으로 말하면 원죄를 가지고 있다)이다. 따라서 어떻게 그 악을 억제할 수 있는 사회를 형성할 수 있을까를 생각할 필요가 있다.

메이지의 근대 이후, 특히 전시 중에는 이 '사'의 영역이 거의 없고 '공', 즉 '오카미'인 천황에 직접적으로 종속해 흡수되어 가는 경향이 강하게 있었다. 사를 죽이고 공을 받드는, 즉 멸사봉공(滅私奉公)이었다.

전후는 천황과 국가가 아니라, 적어도 버블붕괴 이전의 상향곡선의 일본 사회에서는 샐러리맨에게 있어서는 회사, 기업, 이것이 '공'으로 대치되어 모든 것을 회사에 희생한다는 식의 멸사봉공이 있었다. '사'를 멸사라는 방향으로 묵묵히 따르게 하여 멸하는 방향이 아니라, 적극적으로 살려야 한다는 발상을 최근의 공공철학 운동에서는 앞서 기술했듯이 '멸사봉공'이 아니라 '활사개공'이라고 부른다. 여기에서 '사'의 의미는 '자기'이며, 동시에 '개인'인 인격을 의미한다. 더할 나위 없는 '나', 다른 것으로 바꾸기 어려운 희소가치로서의 '나', 인권과 권리의 주체는 '나'라는 의미이다. 그것과 동시에 활사개공이라고 할 때에는 타자와의 인격적인 관계를 고려한다. 나를 살림과 동시에 타자도 살리는, '함께' 살아가는 거기에서 공공성이 달성된다는 의미이다.

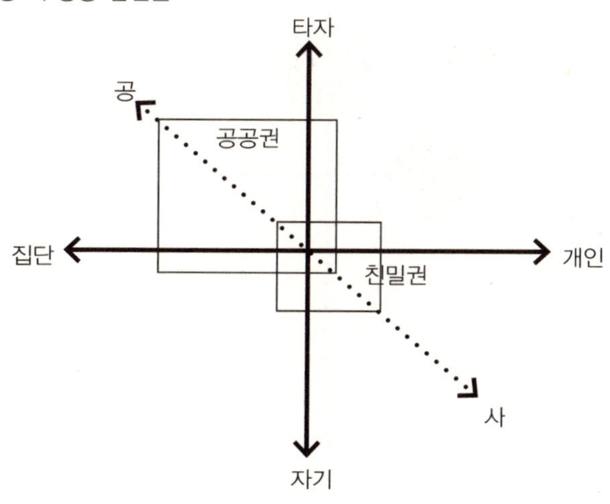

도표 3-1 공·사·공공 삼원론

도표 3-2 3섹터 모델

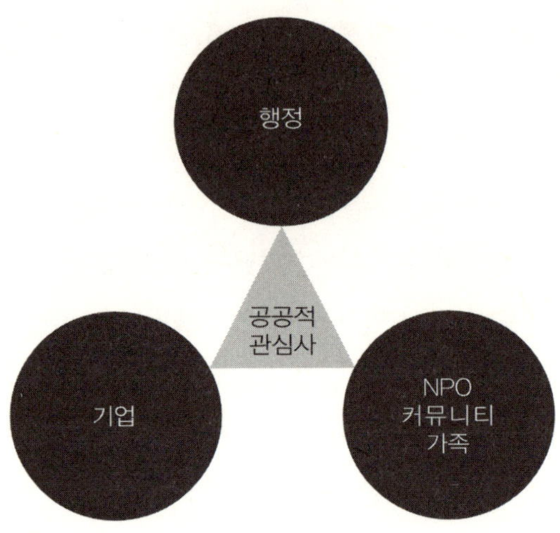

도표 3-3 공·사·공공 삼원론과 3섹터 모델의 중첩

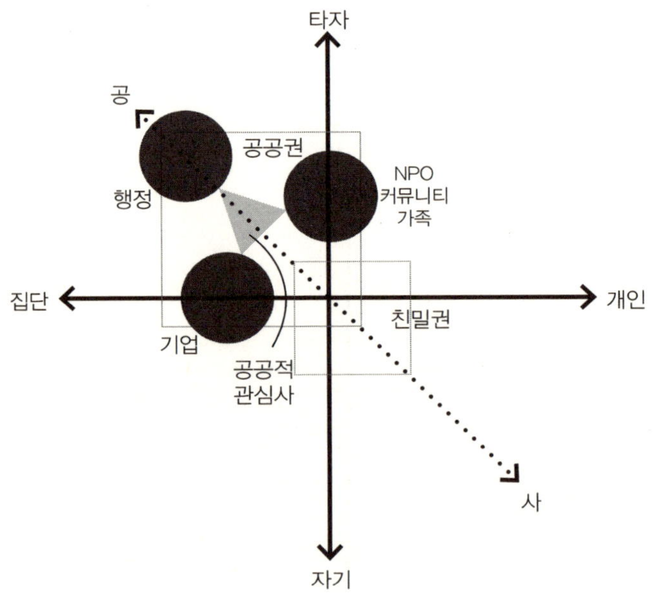

‘공공’이라는 말은 구체적인 제도를 가리키는 말이 아니라, 막연한 이미지만을 가지고 있는 단어이다. 공공성을 자주 복수성으로 정의하는 책을 발견하는데, 이것은 정확한 것이 아니다. 단수인가, 복수인가라는 구별은 공공성과는 다르다. 개인이 많이 모여 있고, 같은 생각으로 통합하면 거기에는 공공성은 약하다. 공공성은 열려 있는 것, 관심을 공유하는 것과 더불어 자기에게 회수할 수 없는 ‘타자성’이 작용하고 있는 것이 중요하다.

‘사’와 자기에 가까운 사람들, 즉 가족, 친구서클, 동아리 같은 신앙을 갖고 있는 동료, 이들은 친밀권을 형성한다. 거기에서 점차 타자성이 증가한 축을 하나 세운다. 그러면 거기에 공공권이 나타난다고 생각해야 한다. ‘사’로부터 가장 멀리 떨어져 있는 곳에 ‘공’이 있고, ‘사’에서 ‘공’으로 매개하는 중간이 공공이다(도표 3-1). 이것과 구체적인 사회제도 섹터(sector)인 행정과 기업, NPO 등은 다른 개념인데(도표 3-2), 굳이 그것을 중첩해 보면 도표 3-3처럼 된다(여기에서는 도표 2-3의 NPO와 공동체와 가족을 같은 섹터에 넣었다. 가족은 실제로 친밀권에 속한다).

행복을 달성하기 위해서

‘공공’이라는 말은 일본 헌법에 ‘공공의 복지’라는 표현이 네 번(제12, 13, 22, 29조)이나 사용되었다. 그럼에도 그 의미가 헌법학에서도 충분히 확정되지 않았다. 특히 제13조에는 “모든 국민은 개인으로서 존중받는다. 생명, 자유 및 행복추구에 대한 국민의 권리에 대해서는 공공의 복지에 반하지 않는 한 입법 이외의 다른 국정에서 최대의 존중을 필요로 한다”고 기록되어 있다. 이 경우 ‘공공의 복지’는 권리에 제한을 주는 조항으로 거의 소극적인 의미에 머물고 있다. ‘개인’, ‘행복’ 등의 말과 동시에 복지에 있어서 중요한 조문이므로 ‘공공의 복지’의 내용을 보다 적극적인 방향에서 심도 있게 다룰 필요가 있다.

헌법 제13조에 행복추구권이 주장되지만, '행복'을 진심으로 사색의 대상으로 삼는 것은 지금까지는 거의 없었던 일이 아닌가. 행복이란 무엇인가. 그리고 행복을 만드는 복지란 무엇인가.

행복은 사람마다 다르다. 나의 행복과 당신의 행복은 다를지도 모르고, 또한 다를지라도 상관없다. 어떤 사람이 행복하다고 느끼는 것이 입장을 달리하면 다른 사람에게는 불행으로 느껴질 수도 있다(예를 들면, 월드컵에서의 결승골!). 모든 사람에게 적용할 '보편적, 객관적인 행복'의 정의는 없다. 행복은 일의적으로 주관적인 것이다. 주관적인 것은 객관화, 수치화해 가기 어려운 것이다.

그러나 '최대 다수의 최대 행복'을 주창하는 근대의 공리주의 윤리는 행복을 쾌락과 자기이익, 효용으로 환원하고, 이것을 양적으로 계산함으로써 행복의 수치화에로의 길을 열었다. 간단히 말하면 금전으로 환산함을 의미한다. 돈이 많은 것이 행복이라는 것이다. 그러나 이번은 돈을 많이 벌기 위해서 장시간 일에 빠졌다면, 그것은 정말로 행복한 생활인가? 그러한 행복관을 가진 사람은 거의 없다. 따라서 우리들은 공리주의하고는 다른 방법으로 행복을 정의하지 않으면 안 된다.

행복을 수치화하여 행복과 만족도를 나타내고자 하는 조사도 있다. 아이들의 경우는 비교적으로 단순하다. 아버지와 엄마와 노는 시간이 길면 아이들의 생활 만족도는 높아진다. 학교에서 즐거운 일이 많으면 만족도는 높아질 것이다. 유니세프(유엔아동기금)가 2007년에 발표한 선진 21개국의 아이들의 행복도 조사에서 아이들이 가장 행복한 나라는 덴마크였다. 일주일에 2회 이상 부모와 함께 저녁식사를 하는 아이들의 비율이 90%이고, 이미 살펴보았듯이 워크셰어링이 진행되고 있고, 연평균 노동시간이 1,391시간으로 선진국에서 가장 적을 뿐만 아니라(일본은 1,900시간 이상), 남성 유아휴가 취득률도 높다. 성인의 경우의 행복은 수입이 많고 적음 등이 얽혀서 단순하지 않지만, 종합적인 '행복지수'에 대해서 살펴보면 이미 기술했듯이 역시 덴마크가 세계 1위이다.

사람들의 행복달성을 위해서 그리고 복지의 충실을 위해서 정부와 행정이 완수해야 할 역할은 무엇일까. 시민사회의 역할은 무엇일까. 지자체 등의 행정섹터와 주민의 상호조직과 NPO, 협동조직 등의 시민섹터가 각각 다른 역할을 의의가 있게 완수하려면 어떻게 하면 좋을까. 필자는 그것을 위해서 현 헌법의 국민주의의 개념을 좀 더 심도 있게 다룰 필요가 있다고 생각한다. 새로운 '공공'을 베이스로 하여 헌법을 다시 독해하는 작업이 필요하다.

국민주권론을 21세기의 시민사회에서 살리기 위해서 필자는 영역주권론이라는 개념을 제기한다. 정부뿐만 아니라 시민이 주도권을 갖고 '공을 열어'가는 정치철학, 그것이 영역주권론이다. 최근의 정치개혁이 내세우는 '지역주권'에도 크게 관계한다. 여기에서는 최근의 시민주권론과 복지에서의 당사자 주권론과의 관계에서 그 개략만을 기술하겠다.

당사자 주권이란 사회학자가 복지의 영역과의 접점에서 제기하는 개념이다. 나카니시(中西) 우에노(上野)의 『당사자 주권(當事者主權)』에 의하면, "당사자 주권"의 정의는 이와 같다.

> 내가 나의 주권자이다. 나 이외의 누구도—국가도, 가족도, 전문가도—내가 누구인가, 나의 필요가 무엇인가를 대신해서 결정하는 것을 허락하지 않는다는 입장의 표명.

이것만을 보아도 강한 개인주의의 표명인 것처럼 보이지만, 여성과 장애인, 고령자 등의 사회적으로 연약한 입장으로부터의 선언임을 감안한다면 크게 납득할 수 있다. 생활상의 필요(needs)에 따라서 관계를 맺은 당사자끼리의 연대의 유대와 장애인이 자기결정을 통해서 지원자와 함께 지자체와 국가 등 행정 측과 끊임없이 서로 관계를 유지하면서 시스템과 제도를 형성하여, '사'가 '공'을 열어가 파트너십으로서 활용하는 구체적인 예를 몇 가지 들 수 있다.

이 당사자 주권에서 소중한 것은 국민주권과 같은 '국적'에 얽매여서 주권이 정의되는 것이 아니라 생활상의 필요에서 '삶의 충실'을 도모하려는 관점에서 주권이 파악되어야 한다는 것이다. 국가지상주의에서 빠져나와 생활자가 살아가는 '생활세계'에서 출발한다. 주체의 자기결정의 권리를 '당사자 주권'이라는 강한 단어로 표현하고 있는 것은 매우 신선한 발상이다.

시민주권에 대해서는 정치학자 마쓰시다 게이이치(松下圭一)가 이미 1975년에 『시민자치의 헌법이론(市民自治の憲法理論)』이라는 책에서 제기하고 있다. 헌법을 통치자 측에서가 아니라 보텀업에서 주민, 시민 측에서 자치를 통해서 다시 해석하고, 거기에 '공공의 복지'를 생존권(헌법 제25조)과의 관계에서 다시 생각하고자 하는 발상이었다. 입헌주의의 기본에 있는 '헌법은 정치권력을 묶는 것'이라는 사고방식을 구체적으로 한 발자국 앞으로 진척한 것이다.

시민주권은 국적의 유무에 관계없이 생활자 주민이 주체가 된다. 이 '시민'을 더욱 생활자의 '생활세계'의 다양한 영역의 문제에 대한 관심에 따라서 연결된 NPO와 협동조합, 지역의 상호조직 등 다양한 그룹에까지 확산되어, 이들이 책임을 가진 주체로서 참가하는 조직, 그것이 영역주권론이 된다.

마지막으로 이와 같은 공공철학의 시점에서 보는 현 헌법의 '공공의 복지'는 새로운 의미를 가진다. 현 헌법의 '국가-개인' 내지는 '공-사'의 이원론에 기반을 둔 해석이 아니라, 공과 사의 중간에 '공공'이 들어간 삼원론의 해석이 가능하게 된다. 이와 같이 해서 공공철학이라는 추상적 이론은 이후 '공공복지'라는 시점에서 실천으로 이행할 수 있다고 필자는 생각한다.

퍼블릭의 번역은 '공'인가? '공공'인가?

'공공'이라는 말을 영어의 퍼블릭(public)을 번역한 것으로 생각하는 사람이 많은 것으로 생각한다. 그러나 그러한 생각이 반드시 맞는다고 생각하지는 않지만, 필자는 영어에서 말하는 퍼블릭보다 더욱 한정된 의미에서 '공공'을 사용하므로 그것을 설명하고자 한다.

퍼블릭이란 무엇인가. public은 원래 라틴어의 *publicus*(사람들, 공유의)에서 유래한 말이다. *res publica*(사람들의 것, *res*는 라틴어로 '것'이라는 의미의 여성명사)이라 하면 공화제 로마의 호칭이었고, 근대에는 이것이 republic(리퍼블릭, 공화국)의 의미도 된다.

중세에서 근대에 거쳐서 서구 기독교 세계는 로마 가톨릭교회에서 신성로마제국의 황제, 더욱 세속 군주에 권위와 권력이 이양되는 가운데 '주권'이라는 정치권력의 개념이 성립했다. 그것과 동시에 군주는 *salus publica*(사람들의 복지)의 실천자라는 개념으로 자신을 정당화해 간다. 군주는 인민 위에 군림할 뿐만 아니라 인민을 보호하고 생명과 안전을 지키는 의무가 있었다.

퍼블릭의 반대는 프라이베트(private, 그 어원은 라틴어의 *privatus*, 사람의 눈에서 감춰져 있다)이다. 역으로 프라이베트(사적인)가 있고서야 퍼블릭에 의미가 주어진다고도 말할 수 있다. 이 경우의 '사적'은 일본어와 같이 특별히 비천하다는 의미는 전혀 없다. 또 퍼블릭은 '감춰져 있다'의 반대어로서 '열려 있다'라는 의미가 있음도 중요한 점이다.

퍼블릭의 개념에서 주의해야 하는 것은 말의 유래에서 보면 '사람들'이 먼저 있다는 것, 또는 '사람들'이 주역이라는 것이다. 퍼블릭을 '공적'이라고 번역하면 일본어가 갖는 '공(오오야케)'의 뉘앙스로부터 '사람들'보다도 지배자, 통치자를 이미지하기 쉬우므로 주의가 필요하다.

퍼블릭이 근대가 되어 국민국가가 성립하는 17세기경부터 '사람들'이라는 의미보다도 '국가의'라는 의미로 사용된 것은 나름의 이유가 있었다. 한정된 영토내의 보전과 사람들의 재산과 안전을 지키기 위해서 상비군을 보유하는 것, 또 그것을 운영할 수 있는 권력을 집중시키는 기구가 어떻게 해서든 필요하게 되었다. 상업, 경제활동도 확산되면서부터 이해가 대립하고 대외적으로 전쟁도 도발하기 쉬워지고 국민을 하나로 결집할 권력기구로서의 국가가 주역이 되지 않을 수 없게 되었다. 국내적으로 법률을 정비하고 사람들의 권리를 지킴과 동시에 법률을 통치의 수단으로 사용하게 된다.

퍼블릭('사람들의')은 이리하여 '국가적'의 의미로 이행된다. *res publica*(사람들의 것)이 주권을 구비한 국가의 의미로 사용된다. 그렇게 되면 국가의 권력은 국내의 '사람들'에게는 오히려 자유를 억제하는 방향으로 작용하지 않을 수 없다.

서구의 근대 국민국가의 성립 이후, 이와 같이 '국가의' 권력적 모습과 '사람들의' 자유를 바라는 시민생활의 모습이 끊임없이 길항(拮抗)하고 있음에 주의해야 한다. 이 길항의 긴장관계를 퍼블릭이라고 불러도 좋을지 모르겠다. 퍼블릭이라는 말에 의해서 어떤 논자는 '국가적인' 것을 의미하고, 어떤 논자는 '시민적인' 것을 의미한다는 현실은 서양 역사의 어떤 면에서 또한 어떤 지역에서 중점을 두고 있는가에 따라서 다르다. 필자의 경우는 퍼블릭을 '사람들의', '시민적인', '공유의', '열린' 것에 중점을 두고 해석하며 일본어로 이것을 '공공적'으로 표현하는 입장을 취한다. 따라서 필자에게 있어서는 퍼블릭을 '공적'으로 번역하는 것은 과녁을 벗어난 것이 된다.

이상과 같은 국민국가의 이중성을 학문적으로 명확하게 근거를 세운 책이 있다. 게오르그 옐리네크(Georg Jellinek)의 100년 전의 대저 『일반국가학(*Allgemeine staatslehre*)』이다.

일본어로 700쪽을 넘는 『일반국가학』은 크게 "일반국가사회학"과 "일반국법학"의 2부로 나누어진다. 근대의 국민국가에서는 결국 퍼블릭의 내용이 국법적인 주권 권력장치 쪽으로 흡수된 것을 기술하고 있다. "최종적으로 주권자에 편승한 것은 군주도 국민도 아니고 국가"이며, "근세에서 근대로 향한 역사는 결국 국가의 성공담이었다"는 것이다. 국가가 먼저인가, 개인이 먼저인가라는 물음은 일본 헌법의 개헌문제와도 관계하고, 이후의 일본의 여론의 동향과도 관련이 있으므로 퍼블릭의 문제와 관계하여 명확히 살펴볼 필요가 있다.

결론적으로 말하면 『일반국가학』에서는 국민이 결성하는 '퍼블릭한 것(*res publica*)'이 국가이며, 그 통치주체는 '퍼블릭'을 목적으로 국민이 결성한 사단법인과 같은 것이고, 그 정관은 헌법이라는 것이다. '퍼블릭한 것'은 국가에 의해서 일원적으로 회수되며(즉 '공[公]'), 국가 이외의 모든 것은 '사(私)'라는 것이다. 철저한 공·사 이원론이라고 할 수 있다.

3. 퍼블릭의 새로운 의미

퍼블릭을 '국가'에 일원적으로 회수한 서양의 역사를 이해하는 것이 중요하다. 다만 오늘날의 유럽을 보면 그와 같은 강권적인 '국가'의 이미지는 없는 듯하다. 이것은 시민사회의 역사도 오랫동안 존재했기 때문이다. 이것이 일본의 역사와 크게 다른 점이다.

국가의식이 약하고 국경도 거의 프리페스로 통과할 수 있으며 통화도 공통인 EU(유럽연합)의 일상, 이것은 역사적 배경을 갖고 있다. 실은 그 역사는 퍼블릭이 새로운 의미를 띠고 재등장하고 있는 것과 깊게 관련을 맺고 있다.

최근 유럽과 미국에 있어서 국가 측에서가 아니라 '사람들의' 측에서, 시민 측에서 일어나는 퍼블릭의 의식이 현저하게 나타나고 있다. 그리고 이것은 전 세계 곳곳에서 환경과 평화를 위한 국제 NGO 활동 등과 링크되어서 일본의 신문과 텔레비전 등에서도 친숙해졌다.

시민적 퍼블릭을 생각하는 목적은 시민의 일상생활을 어떻게 민주적으로 자유롭고 생생하게 이끌어 내는가 하는 것이다. 특히 일본의 이후 복지는 이것에 모든 것이 달려있다고 해도 과언이 아니다. 그러나 현대 일본인의 생활은 반드시 그렇다고 할 수 없다. 아니 오히려 끊임없이 무언가에 억압을 받아 주형에 틀어박혀져 있는 느낌이다.

왜 그럴까? 그것은 현대인의 생활이 고도로 시스템화 된 통치기구(제1섹터)와 자본주의적 기업군(제2섹터) 양 쪽으로부터 억눌리는 상황에 있기 때문이다. 시작하는 글에서 언급했듯이 우리의 '생활세계'가 권력과 화폐와 과학기술의 힘에 의해서 침식되고 있다. 시민의 생활세계의 회복이야말로 시민적 퍼블릭(공공성)의 의미이다. 근대에 이르러 국가에 일원론적으로 회수되어 버린 퍼블릭(공공)을 시민 쪽으로 전환해 가는 시도이다. 일본에서도 이윽고 이것이 시작되었다. '새로운 공공'은 그것을 표현하는 말이다.

그럼 '시민'이란 누구를 가리키는 것일까. 프랑스 혁명(1798년)을 일으킨

시대, '시민'이란 경제적으로도 자립하고 사고활동을 하는 사람들을 일컬었다. 당시의 말로 부르주아(*bourgeois*, 중산계급)이다. 특히 국정에 참가하는 면을 강조할 때의 '시민'은 시토와잉(*citoyen*)으로 불렸다. 이 시민은 먼저 문예적 언론을 통해서 다음으로 정치적 여론형성을 통해서 개인의 입장에서 자발적으로 시민적 공공성을 만들어냈다.

그런데 20세기 후반에 이르러 국가가 공공성을 점유한 시대에서는 대부분의 국민은 복지국가로부터 수동적인 단순한 클라이언트가 되어 버렸다. 이러한 체제가 있다. 주권자로서 국정에 참가하고 있을 때는 공민(公民)임에도, 다른 한편에서 관료제적 복지국가의 클라이언트라는 사인(私人)에 지나지 않는다는 것이다. 여기에서는 '공과 사의 이원론'이 강하게 작용하고 있다. 그래서 오늘날의 민주주의는 이 체제를 해결하기 위해서 단순히 대표자를 선거하는 것뿐만 아니라, 시민 참가형이면서 더욱 입법과정도 담당하는 토의민주주의 내지 숙의민주주의가 되지 않으면 안 된다. 시민활동과 시민참가가 있고서야 비로소 사회의 재활이 가능하게 된다.

이것은 유럽의 상황뿐만 아니라, 시작하는 글에서 기술했듯이 역사의 위상은 다르지만 일본의 상황에도 존재한다. 특히 복지의 관점에서 본다면 제1장에서 살펴보았듯이 강고한 관료제 복지국가의 '조치제도' 안에서 살아간 시대가 이제 끝나고, 새로운 '계약제도' 하에서 '새로운 공공'을 만들어가는 것이다.

다만 그렇게 되기 위해서는 먼저 국가와 시민사회의 구별이 필요하다. 예를 들면, 국가는 그 자체가 사단법인으로 형용될지라도 시민사회는 다양한 연맹(consociation), 즉 비국가적, 비영리적인 결합관계로 이루어진다는 자각이 필요하다. 일본의 경우, 협동조합, 공제조합, 각종의 NPO, 주민의 상조조직 등의 중간집단의 활동이라고 할 수 있겠다. 이들이 시민사회를 만들어내고 있는 자각과 더 이상 '천황', '국가', '관료' 주도에는 의지하지 않는다는 기개가 필요하다.

이미 기술했듯이 정권교체 직후의 2009년 10월 26일 제173회 국회에서의 하토야마 내각총리의 소신표명연설에서는 관에서 민으로의 '새로운 공공'의 제시가 있었다. 다음과 같은 내용이다.

> 내가 지향하고자 하는 것은 사람과 사람이 서로 지원하면서 돕는 '새로운 공공'의 개념이다. '새로운 공공'이란 사람을 섬기는 역할을 '관'으로 불리는 사람들만이 담당하는 것이 아니라 교육과 육아, 거리 만들기, 방범과 방재, 의료와 복지 등에 관해서 지역에서 관계를 맺고 있는 한 사람, 한 사람에게도 참가하도록 하고, 그것을 사회 전체가 응원하려는 새로운 가치관이다.

'새로운 공공'이 이후 정말로 뿌리를 내릴 수 있을지 없을지는 국정의 책임자에게 듣기 전에 시민의 의식여하에 달려있다고 본다.

민주주의란 무엇인가

시민의 자발적 활동에 따른 시민주도에 의해서 협동과 우애와 연대에 의한 네트워크를 만들고, 거기에서 끊임없이 서로 배우는 자세를 갖는 것이다.

'시민적 공공성'이라는 발상에서 중요한 것은 '정치적으로 논의하는 시민들의 대화'이지만, 이것이 기계적인 시스템(諸制度)으로 대체된 것은 현대사회의 문제이다. 만약 시민들이 '정치적으로 논의하면서 매개하는' 것을 예를 들면 '공공하다'는 동사형으로 표현한다면 새로운 공공철학의 역할이 보인다. 다만 '공공할' 때에 '사'측의 인격적 성숙이 전제됨을 주의해야 한다. 사람의 말을 잘 들어주고, 사람과 대화할 줄 알아야 한다.

공공철학이 철학인 이유는 바로 이와 같은 인간론에 대해서 깊이 고찰하는 점에 있다. 다만 제도를 만든다면 그것으로 끝이라는 생각이 아니다. 법률을 만들고, 그것을 적용하기만 한다면 사회는 잘 돌아갈 것이라고 생각해서는 안 된다. 만약 '통치하는' 것이 정치의 모든 것이라면 일은 그것으로 끝날 것이다. 통치되기 쉽고 관심이 없이 사고하지 않은 채 '공'에 말없이 따르는 인간이 다수 생기면 좋기 때문이다. 다수의 수동적인 클라이언트 대중과 소수의 통치하는 엘리트, 거기에서 귀결되는 것이 무엇일까. 전체주의 밖에 없다.

민주주의는 통치가 아니라 자치제도이다. 자기 스스로 자신의 '생활세계'에서 연대하여 자신을 다스리는 제도이다. 법률은 그것을 위한 도구이다. 그리고 '사(私)' 자신이 자각하여 그것을 이루는 데는 '사'의 자기단련이 필요하다. 민주주의의 교육에는 고풍적인 말투가 되지만 이와 같은 끊임없는 자기단련이 함축되어 있다.

만약 그 '자기단련'을 빠트릴 경우, '사'는 거대하게 시스템화 된 '공'에 의해 삼켜질 것이다. 현대판 '멸사봉공(사는 소멸하고 거대한 공의 도구화)'이 등장할 것이다. 일본의 경우에는 전시중의 멸사봉공이 극히 현대적으로 치장되어 미디어를 구사(驅使)하면서 등장할 가능성이 없는 것은 아니다.

'자기단련'과 '공공의 복지'

유럽에서 시민적 공공성의 이론과 실천을 지도해 온 독일의 위르겐 하버마스(Jürgen Habermas)가 극히 최근에 민주주의가 갖는 '자기단련'의 문제에 주목하게 되었던지, 종교문제에 대해서 깊이 언급하고 있다. 이것은 단순히 현대의 세계화 입장에서 종교복구에 대처하라는 차원의 문제가 아니다. 민주주의 제도, 그 자체에 잉태되어 있는 위기가 노정(露呈)된 것이다. 시민적 공공성이 이룩한 18세기의 계몽주의에 내재하고 있었던 '이성적 인간'의 한계가 오늘날 여실히 드러났다. 인간은 이성만이 아니라 감정도, 영성도 갖춘 존재이기 때문이다.

또한 다른 측면에서 영성과 종교성에 대해서 고려할 필요성이 생기고 있다. '독서하는 교양층'은 언어적 커뮤니케이션에 의해서 시민사회를 형성하려고 했다. 그러나 이와 같은 계몽적 이성에 대한 신뢰는 유럽의 두 번에 거친 대전에 의해서 맥없이 붕괴하고 말았다. 파시즘과 나치즘의 등장은 이성으로는 어찌할 수 없는 질퍽질퍽한 비합리적인 민족성과 애국심을 이용하면서 유럽적 계몽의 프로젝트를 좌절시켰다. '자기단련'이 결여된 대중은 당당하게 등장하는 카리스마적인 지도자에게 몸을 맡기고 양심을 마비시켜 왔다.

여기에서 '민족을 위해서', '국가를 위해서'라는 감정에 사람을 자극하는 충동은 사람들을 전쟁과 잔혹한 행위로 치닫게 했다. 위정자는 이것을 애국심 내지는 공민종교라는 이름의 민족주의로 이용했다. 계몽주의를 경험

위르겐 하버마스(Jürgen Habermas, 1929–)

독일의 철학자, 사회이론가. 마르크스주의 입장에 선 프랑크푸르트학파 제2세대를 대표하는 학자이면서 그것을 탈피하면서 포퍼, 가다머 등과의 논쟁을 통해서 합리적 개념의 재고에 의한 비판적 이론을 정력적으로 이루었다. 그 입장은 주저인 『의사소통행위이론(*Theorie des kommunikativen Handelns*)』에 나타난 대화형의 해석학이고, 『공공성의 구조 전환(*Structurwandel der Öffentlichkeit*)』에 의해서 공공성 논쟁을 주도했다. 최근에는 라칭거 추기경(Joseph Aloisius Ratzinger, 현 로마교황 베네딕트 16세)과 대화에서 민주주의와 시민적 공공성에 종교가 중요함을 지적하고 있다.

하지 않은 채 시민사회를 경험하지 않은 일본에서는 파시즘의 이러한 측면이 국체라는 형태로 보다 명료하게 나타난 것은 우리들의 기억에 새롭다.

21세기의 민주주의의 형성은 시민의 '자기단련'의 문제가 구조적으로 포함되어야 한다는 것을 이해해야 한다. '사'의 인격을 어떻게 성숙시켜서 타자와 공동(共働)하여 자치를 현명한 형태에서 만들어 낼 것인가? 사를 살리고 공을 개화해 가는, 즉 '활사개공'의 실현이 필요하다. '멸사봉공'이 아니라 '활사개공'의 필요성 말이다.

하버마스가 시민적 공공성의 중요한 요소로서 영성과 종교를 고려하게 된 것은 단순히 '인권'이나 '권리'라는 계몽주의의 보편적인 개념을 주장할 뿐만 아니라, 시민사회가 충분히 기능하지 못한다는 점에 주의했다. 이른바 자유주의 정치공동체의 한계이다. '타자를 위한 복지라는 발상이 어디에서 발생하는가'라는 동기부여에 직면했기 때문이다.

하버마스는 이렇게 말한다.

공동선, 공공선(Common Good)

선의 개념은 개인적인 것이 아니라 공동체적인 것이라는 주장이 '공동선'이다. 그리스의 아리스토텔레스 윤리학에 있어서는 중심적인 견해였다. 그러나 서구의 윤리사상은 점차 개인을 단위로서 생각하게 되어 선도 개인의 행복과 기호에 관련짓는 경우가 많아졌다. 공리주의 정치경제 사상에서는 선은 개인의 이익과 기호의 집적인 사회적 효용으로 발전했지만 존 롤스의 『정의론(*Theory of Justice*)』의 출판에 의해서 공리주의가 비판받고, 선보다도 정의에 중점이 두었다. 이것을 계승하여 현대윤리학에서는 개인의 선이 아니라 공동체적인 선으로서의 공동선의 중요성의 논의가 다시 주목을 받게 되었다. 그 경우, 단순한 동질자의 집합인 공동체보다도 생각을 달리하는 사람들이 다원적으로 공존하는 장인 공공권에서의 선, 즉 공동선에 관해서 논의되었다. 공공복지라는 사고는 공공선과 공공의 복지라는 의논의 연장선상에 있다.

자기의 이익을 올바르게 이해하고 그것을 옹호하는 점에 대해서만이 아니라 권리의 행사에 있어서 '공공의 복지'를 지향하지 않으면 안 된다. 그리고 이것은 상당히 고도의 동기부여의 투입이 요구되는 것이지만, 법에 따라서 그러한 동기부여를 강제하는 것은 불가능하다.[1]

이 동기부여의 출처는 '법률'이 아니라 '도덕'이다. 즉

> 필요하다면 자신이 모르는 익명의 같은 시민을 도우는 것을 적극적으로 떠맡아 '공공의 이익'을 위해서 희생도 각오한다(예를 들면, 복지를 위한 중세 등)는 것은 자유주의 정치공동체의 시민에게는 받아들여지기에는 상당히 무리한 요구이다. 그러므로 정치적 미덕은 비록 그것이 소액이 '요구되는' 경우에도 민주주의의 존속에는 불가결하다.[2]

시민사회는 자발적인 도덕을 요구하는 사회이다. 그리고 하버마스는 이 도덕과 세계의 대종교의 전통을 연결시켰다. 이것은 계몽주의 철학에서는 미치지 못한 것이다. 그리고 다음과 같이 말한다.

> 철학은 인식상의 자부로는 이러한 차원에 미치지 못한다. 철학이 종교로부터 배우려는 태도의 이유가 이 불균형에 있다.[3]

---

1 ユルゲン・ハーバ-, ヨ-ゼフ・ラッツインガ-, フロリアン・シュラ-編, 三島憲一譯, 『ポスト世俗化時代の哲學と宗教』, 岩波書店, 2007, 8쪽.

2 ユルゲン・ハーバ-, ヨ-ゼフ・ラッツインガ-, フロリアン・シュラ-編, 三島憲一譯, 앞의 책, 9쪽.

3 ユルゲン・ハーバ-, ヨ-ゼフ・ラッツインガ-, フロリアン・シュラ-編, 三島憲一譯, 같은 책, 18쪽.

와 같이 종교의 역할에 주목하는 발언을 하게 되었다. 계몽적 이성을 중시해 온 인물로서는 놀랄만한 전환이라고 말할 수 있다. 그러나 필자가 일본에서 공공철학을 전개할 때에 이미 처음부터 고려해 둔 일이었다.

자유주의 정치공동체가 전제로 하는 개인의 자유 존중은 어떻게 타자를 위한 복지(공공의 복지) 그리고 자발적인 도덕, 더욱 영성과 관계하고 있을까?

숙의(熟議)민주주의를 향하여—숙려(熟慮)와 토의와 협동

정치적 논쟁이 각 진영의 이익유도에 있음을 부정할 수 없고, 그것이 '대립의 계기'로 이끌려가는 것도 흔한 일이다. 각인의 이익추구는 당연히 인정받아야 하지만, 예로부터 정치적 논의에서 추구하는 이상은 공동선을 지향하는 것이었다. 대화적인 민주주의를 존중하는 우리는 이와 같이 공공적으로 사람들에게 공유할 수 있는 선이라는 규범이 있음을 전제로 한다. 그러나 근대의 자유주의는 이 선의 판단을 사적인 것으로 괄호 안에 집어넣고 말았다.

원래 제2장에서 기술했듯이 이 선의 규범이 사전에 절대적으로 고정되어 있다고는 생각하지 않고, 일찍이 플라톤과 아리스토텔레스 철학과 같이 이성에 의해서 발견될 수 있다고 생각하지 않는다. 또한 칸트의 자율의 실천이성과 같이 만인에게 적용된다고도 생각하지 않는다. 그룹에 따라 다르고, 다원성을 가짐을 승인한다. 다만 이 선은 토의와 대화의 '과정'에서 발견되는 것이어서 전혀 무규범이 아니라, 대체로 유교의 오상(五常[仁, 義, 禮, 智, 信])에 따른 것이라고 생각한다.

토의의 '과정'을 중시하는 이유는 '이질적 타자'와의 대화에 의해서 위화감과 적대심을 갖는 상대일지라도, '왜 이 사람은 이러한 사고를 할까'라는 타자 이해를 상상력과 함께 작용하도록 하기 위해서이다. 시간을 들인 숙려와 토의 중에서 자기의 선입관이 바뀔 가능성도 부정할 수 없다.

개인 또는 소수의 인격적 대화가 마이크로(micro)로 합산하여 집합적인 의지가 되는 것이 아니다. 매크로(macro)에서는 마이크로에서 예상하지 않는 결말이 생길 수 있지만, 그럼에도 그것이 오상에 따른 틀 안에 있는 한, 타자의 인격을 존중하는 한 사람들에게 받아들여질 것이다.

앞서 기술했듯이 극히 최근까지 위르겐 하버마스와 같은 숙의민주주의의 제창자는 대화에 있어서의 '공공적 이성'을 가장 중요시해 왔다. 그러나 대화의 '과정'에서 중요한 것은 공공적 이성뿐만 아니라 감정도 중요한 요소이다. 공공적인 장에서 작용하는 감정, 즉 공공적 감정도 중요하다.

그러나 때로는 감정은 폭발할 위험성이 있다. 대저 '이성과 감정'의 이원론이 계몽의 변증법의 배후에 있었다. 그래서 이 이원론을 돌파하지 않는 한 숙의민주주의는 만족할만한 것이 되지 못한다. 이성과 감정의 배후에 있어서 이것을 조화시키는 영성 그리고 모럴과 시민적 미덕이 필요하다.

철학은 인간 안에 갇혀 있지만, 종교는 신과 부처, 하늘과의 영적인 교류를 포함한다. 자아의 각성체험이라는 것뿐만 아니라, 신과 부처와 하늘

용어해설

임마누엘 칸트(Immanuel Kant, 1724-1804년)

독일의 계몽주의 시대의 철학자. 삼부작인 『순수이성비판(*Kritik der reinen Vernunft*)』, 『실천이성비판(*Kritik der praktischen Vernunft*)』, 『판단력비판(*Kritik der Urteilskraft*)』에 따라서 비판철학을 주장했다. 인식은 선천적인 감성의 형식으로서의 시간, 공간과 오성의 형식으로서의 범주에 의해서 질서가 세워지지만 경험적인 현상세계에서만 가능하며 본체의 세계(물자체)는 불가지적이다. 이와 같은 '현상세계'와 '본체의 세계'의 사이의 모순, 즉 이율배반은 이론이성에 고유한 것이며 경험을 초월한 자유·영성·신에 관해서는 이론이성에 의해서는 알 수 없고, 실천이성에 의해서 요청될 수밖에 없다고 주장했다.

의 은혜에 대한 응답이라는 윤리적 생활방식을 동반한다. 윤리성을 동반하지 않은 영성은 받아들여지지 않는다(옴진리교 사건 등 컬트의 문제점을 상기하라). 자기가 살아가는 것과 동시에 타자도 살아간다는 '생명의 은혜'에 대한 응답책임을 결여하기 때문이다. '이성과 감정의 배후에 있고 이것을 조화시키는 모럴과 시민적 미덕'의 원천은 여기에 존재한다. 여기에서 민주주의에 대한 영성이 완수할 역할은 '자기-타자' 관계이며 '공공의 이익' 내지는 '공공의 복지'를 지향한 것임을 알 수 있다.

'공공의 복지'는 헌법에 있는 말이므로 국가적인 정책이라고 생각할지도 모른다. 그러나 우리는 국가가 아니라 시민사회에서 시민의 다양한 영역주권을 가진 그룹의 자치를 기본으로 하고, 그것이 지역주권을 수립한 지역정부와 협동함을 기본이라고 생각한다. 세금에 따른 수입도 그 방향에서 정비되어 기본적으로는 중앙정부는 이것을 보완해 가는 역할을 완수하는 것이다. 이리하여 외교, 환경, 화폐주조 등 국가의 중앙정부에게 가능한 것과 주민에 가까운 시민사회와 지역정부가 행하는 것과는 확실히 구별해야 한다.

용어해설

변증법

일반적으로 모순, 대립, 이율배반을 조정하는 과정의 방법. 칸트철학에서는 '자연'과 '자유'의 강한 이율배반이 나타났지만 헤겔은 이것을 정·반·합의 과정을 취한 정신의 변증법 운동에 의해서 해석하고, 변증법을 역사의 발전법칙으로서 파악했다. 마르크스, 엥겔스는 유물론의 입장에서 헤겔의 관념론적 변증법을 비판하고, 유물변증법을 주장하면서 공산주의 사회에 기초를 세웠다. 특히 계몽주의 시대는 이성을 강조하면서 과학의 발전을 방치하고 받아들인 반면, 이것에 의해서 인격이 기계적인 과학적 합리성에 지배받아 자유가 저해를 받는다는 강한 모순에 영합하게 되었다. 이와 같은 형태의 '계몽의 변증법'은 현대의 서양철학의 성격을 크게 특징을 지우는 것이 된다.

사회가 잘 되어 가는 것도 나쁘게 되어 가는 것도 자립한 한 사람, 한 사람의 시민의 자각과 책임에 달려 있다. 그리고 외국인 노동자도 증가하는 오늘날 '이질적인 타자'와의 사이에서 우애와 연대를 양육하는 방향으로 행복한 시대를 펼쳐 나가고자 한다. 그것만이 아니다. 초고령 사회가 도래하는 일본이 살아남으려면 종교도 관습도 다른 아시아에서 많은 사람들이 간호와 개호의 전문직으로 이주하는 것을 받아들일 필요가 있다.

4. '새로운 공공'은 국경을 넘는다

국제공공재

퍼블릭은 국가에 일원론으로 회수된 역사가 있었다. 그러나 지금은 시민 측이 이것을 되찾아 가려고 하는 중이다. 시민적 공공성이라고 부르는 '새로운 공공'이다. 그 목적은 무엇보다도 '인간성이 풍부한 생활을 하고 싶다', '생활세계를 충실하게 지내고 싶다'는 생각이기 때문이다.

세계적으로 이와 같은 활동에 호응해서, 일본에서도 '새로운 공공'의 개념에 대해서 이야기하는 시대에 접어들었다. 수상의 소신표명 연설에서조차 등장하였다. 그러나 시민사회가 취약한 상태에서 '오카미(천황, 국가)' 주도와 관료주의의 근대화에서 그리고 전후의 정부, 기업의 호송선단방식의 경제발전일변도로 진행해 온 일본에서 이 '새로운 공공'이 자신들의 것이 되지 않은 답답함을 느낀다.

경제계에서는 크게 분류하여 이전의 '일본형 경영'과 미국의 시장주의 사이의 알력이 있다. 일본형이든 미국형이든 이것은 '영리'기업 섹터에서의 이야기이며, '정부' 섹터가 아니라는 의미에서는 시민사회의 중요한 요소이다. 그러나 필자가 주목하고 싶은 시민사회의 형성은 오히려 '영리'와 동시에 '비영리'의 부분을 그것으로서 의미지우는 철학의 구축에 있다고 하는 것이다. 시민적 공공성이라는 말을 그러한 의미로 사용해 왔다.

시민이 이 점을 자각할 수 없다면, 이제 일본은 상당히 비관적인 방향으로 가버리는 것은 아닐까, 특히 복지가 부실하게 되는 것은 아닌가라는 위기감을 느낀다. EU에서 통합하고 있는 유럽, 군사면과 경제면에서 강함을 과시하는 미국, 독자의 이슬람 문화권에서 결속하는 중동, 경제발전이 현저한 남아시아. 그 가운데에서 경제대국의 일본은 어떻게 해야 하는가? 동아시아에서 중국, 대만, 한국 등과 평화공존을 도모하면서 문화국가로서 어떻게 자신을 구축해 갈 것인가?

'새로운 공공'에 대해서 생각할 때에 중요한 것은 현대에서 반드시 한 국가(一國家)를 넘는 것이다. 국가라는 틀을 넘어서 시민의 연대가 필요한 시대이다. 이것은 시민, 주민에 가장 밀접한 환경 문제를 생각해도 바로 이해할 수 있다. 지구환경 문제는 지구적 규모에서 협력하지 않으면 전혀 효과가 없다. 이후의 일본에서 환경세가 도입되겠지만, 그것은 복지의 충실이라는 목적으로 사용되어야 함을 확실하게 하기 위해서라도 환경 문제에 눈을 돌려야 한다.

"기후변동에 관한 정부간 패널(IPCC)"의 제4차 평가보고서에 의하면, 19세기 말에서 20세기 말의 100년 사이에 기온은 0.74도 상승(해면은 약 12-22cm 상승)하고, 전지구적인 온도분포의 해석에서 온실효과가스(대기를 온난화하는 이산화탄소, 메탄, 일산화탄소 등)의 증가라는 인위적 활동에 의한 기후의 영향이 나타나고 있다는 지적이 나왔다.

더욱 석유 등의 화석 에너지에 의존하는 고성장 사회가 계속 이어지면, 21세기 말의 지구는 20세기 말보다 1.1-6.4도 상승하고, 해면상승은 18-

59cm 상승한다고 예측하고 있다. 그만큼 온도가 상승하면 어떻게 되는가 하면, 지구의 넓은 지역에서 심각한 물 부족 현상이 일어나서 곡물생산은 감소한다. 생물종의 4할 이상이 절멸한다. 생태계가 파괴되어 감염증의 분포지도가 변하는 등 상상을 초월한 이변의 위험도도 높아진다.

자연환경은 전 인류에 공평하게 주어지는 은혜이다(공동은혜, common grace). 누가 이 은혜를 끝까지 지킬 것인가? 행정일까? 기업일까? 그렇지 않으면 시민 한 사람, 한 사람일까?

오늘날 지구환경은 지구시민 전체의 것이라는 의미에서 국제공공재라는 말을 사용하고 있다.

원래 공공재라는 말은 사유재산이 아닌 것을 말한다. 예를 들면, 공원, 항만, 등대 등의 시설, 경찰, 외교, 국방 등의 서비스, 즉 시장에서의 거래의 대상이 되지 않는 것을 일컬었다. 경제학 등에서의 역사를 보면 재(財, goods)가 선(good)에서 파생한 말이라는 사실에서 짐작할 수 있듯이 멀리 그리스 윤리학의 공동선(common good)에 기원을 두고 있다. 그리고 그것은 지금 한 국가(一國內)를 넘어서 지구에 크게 영향을 미친다. 필자는 재(財)로 전환하기 쉬운 '공동선'보다도 '공통은혜'를 기본으로 한 윤리학을 구축해야 한다고도 기술해 왔다.

'국제공공재'라는 말은 국제관계론의 분야에서는 "자금과 인재를 산출하는 주요 나라만이 아니라 다른 많은 나라, 사람들도 이익을 얻는 국제적 제도와 조약"으로 정의되고 있다. 특히 환경에 관련된 것을 열거해 보면 다음과 같다. 지구온난화 방지, 감염증의 확대위기 방지, 에너지 안전보장, 식음 안전보장, 경제안전보장. 여기에서 전자의 것은 국제협력을 필요로 하고, 후자는 국가중심성이 강하게 요구된다. 지구에 부여된 은혜를 지키기 위해서 시민이 스스로 의식하여 일어섬과 동시에 정부와 행정이 관여해야 하는 것은 당연한 일이다.

공공재와 공공신탁론

국제공공재를 유지하기 위한 환경윤리가 필요하다. 여기에서 환경윤리를 필자의 시점에서 요약해 두고자 한다.

환경윤리는 세 가지, '지구의 유한성', '세대 간 윤리', '자연의 생존권'을 들 수 있다. '지구의 유한성'은 당연히 일국(一國)의 이익을 넘어서 지구 전체의 이익을 우선시한다. 유한한 화석연료의 채굴에 탄소세를 부여하거나 대기권에 가스를 폐기하는 것에 대해서 환경세를 지불하는 구조를 만드는 것 등이 필요하다.

'지구의 유한성'은 단순히 자원이 고갈한다는 것뿐만 아니라, 지구온난화 현상의 원흉인 이산화탄소 등의 온실효과가스의 배출이 기상이변을 초래하고, 사막화 또는 식량 감소를 이미 초래하고 있다는 현실의 해결도 포함한다. 이것은 한 나라의 노력만으로는 해결이 불가능하고, 다국 간의 협력 없이는 아무것도 진척할 수 없다. 한 나라만의 번영을 기원하는 편협한 민족주의의 시대는 끝났다.

'세대간 윤리'는 동세대간뿐만 아니라, 미래의 사람들을 배려하는 '케어의 윤리'를 요구하고 있다. 자원이 유한한 지구에서는 지속가능한 사회조직 만들기가 바람직하여 장래세대에의 '케어의 윤리'는 필요하다.

'자연의 생존권'은 인간 이외의 피조물에도 생존의 권리를 인정함을 어떻게 승인할 것인가라는 문제이다. 살아 숨 쉬는 모든 것, 대지조차도 시야에 둔 윤리를 토지윤리라고 부른다. 이런 생각은 모두 인간중심주의, 인간의 이성만능의 근대주의사상에 대한 한계를 역력히 보여준다.

다만 다른 생물을 먹고 살아갈 수밖에 없는 인간의 입장에서 보면, 다른 생명의 희생 위에 살아갈 수 있다는 겸허한 자각을 갖고 살아갈 수밖에 없다. 그 위에 인간은 토지와 다른 생명체에 대한 책임을 다하는 책임 윤리학의 개발을 지향한다.

앞서 "21세기의 민주주의의 형성은, 시민의 '자기단련'의 문제가 구조적으로 포함되어야 한다"고 말했다. 시민사회란 자발적인 도덕을 요구하는 사회이다. 여기에서 시민사회의 재활이 출발한다. 그리고 위르겐 하버마스는 이 도덕과 세계의 대종교의 전통을 관련시켰다. 종교적 전통이 양육해 온 '자기단련'에서 나타난 '자기희생'이라는 도덕과 관계를 맺는 것이다.

'케어의 윤리'와 세계의 대종교의 전통에서, 예를 들어 기독교와 이슬람교의 공통의 정전(正典)인 구약성경을 다루어 보자. 구약성경의 창세기에는 '케어의 윤리'의 원형이 나온다. 그것은 창세기 1장 26절에 인간이 다른 피조물을 케어할 책임을 하나님으로부터 신탁을 받았다는 것이다.

> 하나님이 가라사대 우리의 형상을 따라 우리의 모양대로 우리가 사람을
> 만들고 그로 바다의 고기와 공중의 새와 육축과 온 땅과 땅에 기는 모든
> 것을 다스리게 하자 하시고

덧붙여서 말하면 여기에서 공동번역 성경에서 "다스리다"고 현대적으로 번역된 말은 '책임을 갖고 케어한다'는 본래적인 의미를 갖고 있다. 하나님은 다른 피조물에 대한 케어를 특히 인간이라는 피조물에게 신탁하고 있다.

필자는 공공철학에 기초한 환경윤리로서 이미 기술한 '공공신탁론'을 다시 제기하고자 한다. 그것은 국제공공재를 신탁하는 이론이지만 1970년대에 미국에서 나온 당시는 정부(행정)에 신탁한다로 해석되었던 것이다. 대저 다음과 같은 내용이다.

① 대기와 물과 같은 일정한 이익은 시민 전체에 있어서 극히 중요하므
　　로 그것을 사적 소유권의 대상으로 삼아서는 안 된다.
② 대기와 물은 각 기업의 것이라기보다 자연의 혜택이므로 개인의 경
　　제적 지위와 상관없이 모든 시민이 자유롭게 이용할 수 있어야 한다.
③ 공공재를 광범한 일반적 사용이 가능한 상태에서 사적 이익을 위해
　　서 제한적인 것에 다시 분배하지 않고 오히려 일반 공중의 이익을 증
　　진하는 것이 정부의 중요한 목적이다.

그러나 지금은 정부뿐만 아니라, 시민에게도 또 기업에게도 '하늘(天)로
부터' 신탁을 받았다고 생각해야 한다. 행정과 기업뿐만 아니라 시민의 역
할을 중요시해야 한다. 환경기본법(1993)의 제1조에 "이 법률은……현재
및 장래의 국민의 건강에 문화적인 생활의 확보에 기여함과 동시에 인류의
복지에 공헌함을 목적으로 한다"고 명시되어 있지만 신탁의 관념은 아직
국민에게는 약하다.

공공신탁론은 인간이 인간인 책임의 윤리이며, 이와 같은 시민의 '자기
단련' 없이 21세기의 민주주의는 없다. 단순히 '에너지 절약'이라는 수준의
자기희생이 아니라, 윤리적으로 '자기단련'과 '자기희생'을 동반하는 모럴을
시민 한 사람, 한 사람이 몸에 익혀가는 시대에 접어들었다.

이 모럴을 양성하는 것이 '공공의 정신'이다. 신교육기본법에 들어있는
문구이다. 그런데 '공공의 정신'이 신교육기본법에 삽입된 과정을 보면, 이
와 같은 글로벌적 시점이 서서히 축소되어 버렸다. 정말로 유감스러운 일
이다.

'공공의 정신'은 시민사회에서 보텀업(Bottom-up)이고 자발적으로 보급되
는 것이며, 국가가 톱다운(Top-down)으로 강제되는 것이 아니다. 국가와 시

민사회는 구별되어야 한다. 복지에 대해서 생각할 때에 지금까지 '복지국가'로서 국가에 기대하는 바가 컸지만, 21세기에 접어든 지금, 다시금 '국가란 무엇인가'를 재고해야 한다.

이제 복지국가보다도 복지사회를 창조해야 하며, 그때의 국가의 역할을 분명하게 하기 위해서라도 다음 장에서 우리들의 시점에서 '국가'에 대해서 다시 생각하려고 한다. 복지의 텍스트로서는 종래 그다지 중점을 두지 않았던 주제였지만, 다시 여기에서 '공공복지'의 시점에서 정리해 두고자 한다.

제4장

국가에 대해 생각하다

1. 국가란 무엇인가?

국가의 정당화에 관한 이론

국가는 보통 영토, 국민, 통치권의 세 가지 요소를 갖춘 어떤 영역을 가리킨다. 이와 같은 국가의 정의는 합리적이지만, 이후의 복지의 모습을 생각하기 위해서는 재고를 요한다. 무엇보다도 먼저 현실에서 국가는 역사적으로 존재해 왔다. 지금까지 다섯 유형에 거쳐서 기초 다짐이 시도되었다. 종교적, 자연적, 법리적, 도덕적, 심리적 등의 다섯 가지이다.

① 종교적

국가는 신의 창설에 의한다는 발상은 고대세계에 널리 퍼져서 초대 기독교 시대의 유럽에도 존재했다. 중세로 이행하기 시작할 쯤에 아구스티누스에 의한 신국(*civitas*)과 현실의 세계, 즉 지상의 나라(*civitas terrena*)가 대비되어, 국가는 죄로 오염된 지상의 나라로 동일시되었다. 다만 그와 같은 국가도 신의 은총에 따라 가볍게 죄가 억제되는 존재가 가능하게 된다. 아구스티누스의 국가론은 토마스 아퀴나스에 계승되어 그리스의 아리스토텔레스적인 공통선을 추진한 장으로서의 국가라는 파악방식이 된다. 기독교 교회(로마 가톨릭교회)는 그 위에 존재하여 국가의 성원을 천국에 이끄는 제도로서 의미가 부여되었다.

16세기의 종교개혁은 로마 가톨릭교회의 내부개혁에서 시작되었다. 국왕이 로마교회와 결탁하는 경우에는 개혁자들은 국가에도 저항하여 결과적으로는 교회와 국가를 분리하는 방향으로 나아가, 국가는 세속적인 주권에 의해서 일원적으로 통치되는 영역이 되었다. 다만 국가는 내면의 문제에는 관여하지 않는다는 약속이 있고, 이것이 지켜지지 않았을 때에 영국의 청교도 혁명과 같은 시민혁명이 일어나서, 그 여파는 미국 동부의 합중국독립까지 영향을 미치게 된다.

역사적으로 분명히 종교개혁은 근대 국가 '성립'의 원인(遠因, *causa remota*)이 되었다.

② 자연적

종교적인 국가관과는 정반대로 자연적인 힘이 지배하는 것으로 국가를 파악한다. 그리스의 소피스트에서 시작되어 토마스 아퀴나스 그리고 칼 마르크스에 이르기까지 이어진다(다만 마르크스주의에서는 국가의 억압적인 힘은 경제사의 일정한 시점에서 나타나고, 이윽고 계급투쟁에 따라 소멸하고, 권력국가의 자연적 필연성도 부정되었다). 그러나 이 자연적인 힘, 야만적인 폭력에 의한 강자의 승리, 이것을 용인하는 국가관은 윤리성을 결여하여 결국 국가의 정당화에는 이를 수 없다.

③ 법리적

가족법적, 물건법적, 계약법적 등의 셋으로 분류할 수 있다.

a. 가부장설

고대부터 모든 민족이 국가를 확대된 가족으로 구성했다(일본에서는 메이지 근대 국가가 전시 중에 국민을 천황의 적자로 파악했다). 서구 근대에서도 17세기의 영국에서 필머경은 인류의 아버지 아담의 후계자는 영국의 왕이라며 인민통치의 정당화를 도모했지만 오히려 존 로크의 비판을 초래했다. 이러한 국가의 기원은 종교와 조합된다.

b. 가산설(家産說)

물리적인 힘을 가지고 승자가 된 실력자는 손에 넣은 물건(物件)을 가산(家産)으로 보호하기 위해서 국가를 형성한다는 주장이다. 전국가적인 소유의 질서가 그대로 광대한 근대적 국가영토가 된 것은 정당화하기 어렵지만, 유럽에서도 절대군주의 시대에서는 국토가 군주의 가산으로 여겨진 시

소피스트(Sophist)

기원전 5세기 중반에서 그리스 세계에 출현한 직업적 교사. 소크라테스, 플라톤의 소피스트 비판에서 '궤변론'과의 악평이 후세까지 남았지만 지식의 보급자, 언어비판의 선구자로서의 의의는 크고 거의 동시대의 중국의 제자백가와 비교된다.

칼 마르크스(Karl Marx, 1818–1883)

독일 출생의 유대인이며 헤겔, 프리드리히의 영향을 받고, 동지 엥겔스 등과 함께 "공산당 선언"을 제창. 다음해에 런던으로 망명하여 영주하고, 대저 『자본론(*Das Kapital, Kritik der politischen Oeconomie*)』 등의 집필을 하며 그 이후의 공산주의 사상에 많은 영향을 주었다.

대가 있었다.

c. 계약설

고대 이스라엘에서는 하나님이 그 백성과 맺은 계약인 아브라함 계약, 모세 계약 등의 규범이 되어, 국가의 형성기에 사울을 초대 왕으로 삼았다 (기원전 1044년). 하나님과 백성과의 계약은 또한 다윗의 이스라엘 여러 부족과의 계약의 규범이 되고, 더욱 왕으로서의 취임의 규범도 된다. 이것은 시대가 지나 16, 17세기의 유럽에도 영향을 끼쳤다.

중세의 계약설은 국가의 기원이 아니라 왕의 기원에 대한 주장, 국민이 아니라 지배자의 설정을 위한 주장이며, 국가의 기원의 사회계약설이 나타난 것은 종교개혁 이후(1517년-)이다. 유럽대륙에서 사회계약 사상의 창시자로 여겨진 사람은 『정치학』을 출판한 요하네스 알트하우스인데, 그의 경우는 개인이 아니라 도시와 지역이 계약의 설정자이다. 홉스에게 있어서 비로소 개인 간의 사회계약설의 발상이 생긴다(1651년). 그 이유는 그가 에피쿠로스의 원자론적 기계론에 근거해서 인간과 사회를 파악한 것에 의한다.

홉스는 국가를 두 종류로 분류한다. 하나는 권력관계에 기초한 자연적, 역사적으로 형성된 국가, 또 다른 하나는 인간의 본성에서 연역된 합리적 국가이다. 인간의 본성은 사리사욕이 넘치므로 자연 상태에서는 만민의 만민에 대한 투쟁이 생겨서 이 공포심에서 평화에의 동경이 생길지라도 본성적으로 변하지 않는(恒常的) 화해는 불가능하다. 영속적인 평화는 모든 사람이 하나의 의지에 복종함을 내용으로 하는 결합계약을 맺을 때만이 얻을 수 있다. 이 기본적인 계약에 따라 '자연 상태'에서 '국가의 상태'로 이행한다. 이 계약은 사회계약임과 동시에 힘에의 복종계약이며, 흩어진 개인 사이의 합의에 의해서 국가인격(*persona civilis*)을 파악한다. 개인이든 단체든지 위에 서 있는 단 하나의 주권을 가진 지배기관(왕 등)이 합법적으로 인정된 절대주의 국가관이다. 홉스의 주장에는 지배자에 대한 반항은 상호의 기본 계약의 위반이며 정당화되지 않는다.

그것에 비해서 로크의 경우는 인류의 아버지 아담의 자손으로서의 인간의 현실의 역사가운데에서 일어났다고 여기는 사회계약이며, 자연 상태도 서로 자유를 승인하고 있는 온건한 상태이다. 장 자크 루소의 경우는 부자유스러운 상태에 있는 각 개인이 자유를 되찾기 위한 일반의지에의 복종으로서의 사회계약이다.

④ 도덕적, 심리적

그리스의 플라톤, 아리스토텔레스에서는 인간의 도덕적 완성이 국가(폴리스)에서만 가능하다는 사고방식이 보인다. 이것은 그대로 인간의 심리적 경향, 즉 다른 동물에는 없는 사교의 성향을 가진 동물인 인간만이 만드는 국가라는 주장이다.

이와 같은 서양에서 발전한 국가에 대응해서 일본의 국가관의 특수성을

사회계약설(社會契約說)

17-18세기의 유럽에서 전개된 사회이론. 사회적 그룹 사이의 계약(요하네스 알트하우스)과 개인 간의 의지에 기초한 계약에 따라서 인간은 자연 상태에서 벗어나 국가를 성립한다는 주장.

장 자크 루소(Jean-Jacques Rousseau, 1712-1778)

프랑스어권의 스위스 제네바에서 태어나 파리에서 백과전서파와 교우. 개인 간의 계약에서의 『사회계약설(*Du contrat social*)』 등을 발표하고 인민주권론을 제기하면서 그 후의 공화주의적 민주주의에 큰 영향을 끼쳤다.

첨가하는 것은 중요하다. 왜냐하면 근대 일본의 전전의 '국체'사상의 경우, 이 '도덕적', '심리적'인 부분의 중량이 압도적으로 컸다고 생각되었기 때문이다. 전전의 천황과 황후에 의한 복지시설에의 하사금 지급 등, 자혜주의에 기초한 복지의 모습에도 그것은 나타났다.

플라톤의 국가론은 받아들여질까?

그리스 철학자 플라톤은 '국가(Politeia)'에 관한 이론을 전개했다. 플라톤의 국가관은 당시의 소피스트에 대항하여 "보편을 회복하고 인간생활에 객관적 기준을 줌과 동시에 국가를 자연적 기계관에서가 아니라 국민을 통치하는 유기적 공동체로서 이해하려고 한다." "새로운 삶의 공동체의식, 국가적 의식의 실현을 도모한다"는 상태로 상당히 도덕, 철학적이다.

이러한 플라톤의 교설은 불행하게도 서양의 역사에서는 국가유기체설과 전체주의의 방향으로 이용되고 말았다. 독일에서 그것이 전형적으로 출현하여 나치즘의 온상이 되었다. 국가가 국민을 도덕적으로 인도한다는 의미에서는 교육칙어를 만든 일본의 메이지 근대 국가에도 그와 같은 면이 있었다.

필자는 국가 그 자체를 도덕에 연결시키는 것이 아니라, 시민사회 쪽을 도덕과 모럴에 연결시키는 편이 이후의 복지문화의 형성에는 중요하다고 생각한다.

이제 국가와 시민사회를 구별하면서 그 특징을 명확히 밝히고자 한다. 한 마디로 말하면 '주권'과 '영역주권'과의 차이이다. 복지를 생각할 때에 이렇게 상세한 정치철학의 내용에 들어가야만 하는지 의문을 갖는 분도 많을 것이다. 그 이유는 복지의 제도적인 면이 '조치제도'에서 '계약제도'로 변했기 때문이고, 계약은 시민사회를 성립시키는 기초이기 때문이다.

이 제도의 전환의 의미를 잘 이해하고, 거기에서 이후의 일본의 복지문화를 창출하기 위해서는 국가와 시민사회의 구별을 이해하는 것, 더욱 그것을 '주권'과 '영역주권'의 구별로서 파악하는 것이 필요하다. 최근 민주당이 정치개혁에서 사용하는 '지역주권'이라는 말도 이것과 깊이 관계한다.

조치제도에서는 행정조치, 행정명령이라는 일방적인 위로부터의 명령에서 복지가 결정되었다. 예를 들면, 원칙적으로 어느 특별노인요양소에 입소하려는 당사자의 의지는 전혀 듣지 않은 채 "당신은 여기로 입소하세요"라는 명령이 일방적으로 내려져 복종하지 않으면 안 되었다. 계약제도 하에서는 당사자 주권이 존중되고, 어느 시설에 들어가는지는 원칙적으로 선택의 여지가 있으므로 자기책임도 생기는 것이다.

2. '권력장치'에서 '복지장치'로

고대 그리스 로마의 국가에는 주권의 개념은 없었다. 그리고 중세 후기의 유럽에 이르러서 비로소 국가주권의 개념이 생긴다. 그 이유는 국가에 대항해야 할 상대가 생겼기 때문이었다. 당시 국가의 권위를 위협하는 세력에는 셋이 있었다. 교회와 서유럽의 제국에 힘을 미친 신성로마제국(962-1806년), 국가내부의 대봉지소유자 및 사단(社團)이다

16세기의 장 보댕(Jean Bodin)이 프랑스의 정치사에서 추상하여 『국가론(*Les Six livres de la République*)』에서 '주권론'을 제기한 것에는 이와 같은 배경이었다. 여기에서 주권이란 "안과 밖에서의 최고로 독립된 권력", "시민과 신민의 위에서 모든 법률로부터 해방된 절대적인 권력"이며, "*res publica*란 주권자에 의한 올바른 통치"이다. 이리하여 *res publica*(사람들의 것)은 국가

적 주권 하에서 권력적 통일체(republic, 공화국)가 되었다. '권력장치'로서의
국가의 탄생이다. 이것에 의해 국가와 국가의 외교적 교섭도 주권국가끼리
의 교섭이 된다.

'주권'의 개념은 그 이후 근대 국민국가에 정의를 부여하는 기둥의 하나
가 되었다. 앞의 유형화의 계약설 가운데에서 살펴보았듯이, 홉스는 국왕
에 귀착하는 절대적 왕권과 주권을 동일시했다. 그러나 루소는 그것을 국
민 측에서 국민주권으로 전환했다. 국민주권론은 근대 입헌주의 안에 정착
하고, 일본의 전후의 헌법도 이것을 채용한 것은 잘 알려진 사실이다.

국가주권론은 국내적으로 국민주권으로 정착했을 때에, 그 '절대적 권
력'이라는 면을 완화한 것처럼 보인다. 그러나 국회에서 의결할 때의 '다수
의 횡포'와 정부의 여론무시의 '강권발동'은 자주 민주적 국가에도 보이는
것이며, 오늘날에도 과제로 남아 있다.

주권론은 퍼블릭을 '국가'에 일원적으로 회수하는 역사적 유래와 겹쳤
다. 근대 국가는 주권이라는 형태로 권력을 한 점에 집중시켜서 일원적으
로 톱다운으로 권력을 행사한다. 그것의 문제성은 비대화된 현대 관료제
국가의 곳곳에서 나타나고 있다. 특히 일본에서는 메이지 근대 국가의 성

용어해설

권력장치, 복지장치

국가의 특징을 상징적으로 표현하는 말. 민주주의가 성립하기 전의 국가는 절대주의 국가
까지는 민중을 지배하는 강권적인 권력장치였다. 그러나 민주주의가 성립하고 국민주권
이 확립되고서는 시장적 자본주의 하에서 복지장치로 변화해 간다. 그럼에도 현재, 복지국
가에는 자유주의, 사회민주주의, 코퍼러티즘(corporatism) 등의 유형이 생기고 있다. 이후,
시민사회가 영역주권과 함께 더욱 성숙해질 수 있다면 국가의 역할은 권력장치보다도 복
지장치, 즉 공공재의 제공, 시장의 실패의 보정(補正), 소득, 자산의 재분배, 총수요의 관리,
중후한 사회보장의 제공 등이 잘 갖추어진 복지를 제공하는 국가가 되길 기대한다

립 이래 이 특징을 강하게 가졌다. 이윽고 2009년에 정권을 교체한 민주당 주축의 내각이 이것을 개혁하는 방향으로 시동을 걸기 시작했다. 다만 관료기구의 강한 힘을 억제하고, 선거에서 뽑힌 국민의 대표자에 의한 '정치 주도'가 발휘될지 어떨지 모든 것은 이후의 시민의 자각에 달려 있다.

퍼블릭을 국민 측에 그리고 더욱 풍요로운 형태로 시민 측으로 개방해 가는 것은 이후의 큰 과제이다. 필자 자신은 이것을 보댕→홉스→루소로 계승된 '주권'의 개념을 그 경로로 되돌려 재편성함으로써, 새롭게 당사자 주권→시민주권(지역주권)→영역주권이라는 방향으로 전개하면서 보다 토의적, 대화적인 시민사회의 민주주의, 즉 숙의민주주의의 확립으로 연결시킴을 구상한다.

이에 비해서 포스트모던 시대인 오늘날, 종종 미셸 푸코(Michel Foucault)의 권력론이 정치사상에서 예로서 내세워진다. 사상계의 잡지에서는 일종의 유행과 같은 풍조이다. 주권론의 아포리아(Aporia, 난점)가 회피되는 어조로 이야기되지만 문제는 그렇게 단순하지 않다. 그 이유를 간단히 설명하겠다.

푸코에 의하면 권력의 전략은 '고전주의 시대'에 극히 중대한 전환을 이

포스트모던(post-modern)

원래 근대 이후의 세계라는 의미로 1980년대에 예술(특히 건축과 디자인)과 사상, 철학용어로 사용되기 시작하여 일반적인 저널리즘에서도 세상(世相)을 나타내는 용어로서 빈번히 사용되었다. 데카르트에서 시작되는 근대 합리주의 철학은 20세기에 들어서 니체, 프로이드, 하이데거, 리오타르, 데리다 등에 의해서 비판받고, 절대적 진리의 붕괴, 이성주의의 붕괴가 이야기되었다. 더욱 인간, 거대담론, 역사의 종언이라는 포스트구조주의와도 겹치는 사조가 되어, 상대주의적 가치관을 옹호하는 '포스트모던 철학'이 되었다. 현대에서는 많은 논자에 의해서 '포스트모던'은 근대주의의 봉착이라는 의미로 사용되는 경우가 많다.

루었다. 그 이전의 권력은 '신하로부터 생산물과 재산, 봉사, 노동, 피를 강탈하는' 주권자의 특징이며, 그것은 궁극적으로는 바로 신하를 '죽일 수 있는 권리'이다(지나친 과장이지만). 이에 비해서 새로운 권력은 '생명에 대해서 적극적으로 작용하는 권력'이 된다. 그것은 인구와 민족이라는 매크로적인 문제를 중요시하고, 생명을 경영, 관리하고, 증대시키고, 증식시키려고 한다. 푸코는 우리의 사회를 널리 덮고 있는 이 새로운 권력을 '생권력(bio-pouvoir)'이라고 명명한다. 이 경우의 '생(生)'은 필자가 영역주권론의 출처로 생각하는 '생(生)의 필요(needs)', '생활세계의 필요성'과 겹치지만 의미가 상당히 다르다.

한편 이와 같은 주권자의 억압적인 자세에 대해서 특히 시민이 '양심의 자유'에서 인내하기 어렸다고 느낄 때는 반드시 저항한다. 이것은 역사상 몇 번이고 일어났고, '저항권'으로서 정치사상사적으로도 확립된 용어이다. 그리고 현대에도 민주적 헌법 하에서의 인권소송에서 일어나고 있다. 또한 선거에 의한 '정권교체'도 그 중에 하나이다.

그러나 푸코의 특징은, 그 경우의 저항은 종래의 정치이론과 마르크스주의 정치학이 전제로 삼아온 형태로, '국가권력'에 대한 저항에 집약된 것이 아니라는 점에 있다. '16세기와 17세기의 법, 철학사상에 의해서 규정된 모델'에 의해서 우리는 권력은 '국가'에만 있다고 굳게 믿어 왔다. 더욱 권력은 현재에는 '사회체의 각각의 장소, 남과 여 사이, 가족 가운데, 교사와 학생 사이, 아는 사람과 모르는 사람 사이, 각각의 장에' 관통하므로 이것들은 단지 단순하게 거대한 지배력이 모든 개인의 위에서 순수하게 투사된 것이 아니다. 따라서 우리는 이전과 같이 '왕의 목'을 베는 것(프랑스 혁명)만으로는 충분하지 않고, 각각의 지역 현장에서 저항을 펼쳐가야 한다는 권력의 개념을 폭넓게 해석한다.

근대 시민사회의 형성은 자본주의의 발전과 함께 '화폐의 힘'이 권력과 복잡하게 얽혀서 제국주의적인 억압을 산출한 일은 사실이다. 피의 순수함을 외치며 민족정화도 있었다. 노동의 기쁨은 사라지고(滅退) 사람들의 생명은 개인의 둘도 없는 생명으로서 존중받는 것이 결핍된 것도 현실이다.

특히 '남과 여 사이, 가족 가운데'에도 존재하는 지배와 피지배의 권력관계라는 견해는 지금의 복지현장에서도 등장하는 발상이어서 극히 현대적인 과제를 산출한다. 현대사회가 남편이 아내에게 폭력을 휘두르는 가정내 폭력(domestic violence), 부모가 자식을 방치하고, 자식이 노부모를 학대하는 등을 경험하면, 이러한 푸코적인 권력의 해석도 반드시 틀렸다고는 할 수 없다. 다만 이들이 사회에서의 '노동자의 인권옹호'와 같은 권력관계와 동일한 것으로 보이면 오해를 초래한다. 법률에 의해서 잘 정비되어야 할 일과 법률 이전의 모럴이 없다면 어느 것도 해결하지 않는 영역으로 나누어야 한다.

먼저 '남과 여 사이, 가족 가운데'의 관계는 본래는 법률이 아니라, 애정에 의해서 맺어진 관계인 것을 주의해야 한다. ICF의 견해에서 말하면 '신체구조와 심신기능, 활동, 참가'가 애정에 의해서, 우애에 의해서 재활되어

가는 과정이다. 다만 애정과 우애 따위는 이제 믿을 수 없는, "모든 것은 권력관계다"라는 수준에서 판단하는 것도 불가능하지는 않다. 그러나 여기에는 복지의 문제가 단순히 제도의 문제가 아니라 본질적으로 인간의 문제이며, 인간관과 가치관이 깊이 영향을 주는 분야라는 필자의 주장도 있다.

우애와 모럴 따위는 믿지 않는다는 시점에서 복지를 생각할 것인가 아니면 우애와 모럴을 재차 현대의 복잡화된 사회에서도 진지하게 생각할 것인가. 필자가 복지를 사회의 재활로 보는 견해는 분명히 후자의 입장에 서 있음을 의미한다. 필자가 '새로운 공공', '공공복지'라는 사고방식을 제기할 때에는 동시에 시민의 모럴과 우애의 양성도 촉구한다.

만약 푸코와 같이 "모든 것은 권력관계다"라고 한다면 복지에서도 모럴보다도 법적 강제력이 우선한다. 그러나 필자는 복지에서는 '우애'가 우선하고 법적 강제력은 2차가 되어야 한다고 생각한다. 실제로 일찍이 조치제도 하에서는 먼저는 '행정명령'이 있고 톱다운 권력관계와 법적 강제력이 중점을 이루었다. 그러나 계약관계 하에서는 시민의 모럴과 우애가 중점을 이룬다고 생각한다.

필자에게는 푸코와 같은 추론에서 이루어지는 생권력과 생정치는 최종적으로는 단지 저항을 위한 저항, 파괴를 위한 파괴, '무엇이든지 반대'하는 비생산적인 허무주의(nihilism)의 방향으로 가버리는 것은 아닌지 의구(疑懼)한다. 건설적인 방향, 시민이 협력하고 억압이 적은 새로운 구조를 만들어가는 형성적인 우애와 연대의 측면이 결여된 것처럼 생각할 수 있다. 다만 필자의 문제의식은 '생명'을 중심으로 한다는 의미에서는 푸코와 겹치는 바도 있다.

필자는 인간의 노동의 의미, 가족생활의 의미, 우애와 연대의 의미를 고려하면서 생명, 생활, 생존이라는 '생의 필요(needs)'를 자치에서 구축하기 위해서 영역주권과 보완성에 근거해서 시민적 공공성을 형성하려고 한다.

그래서 푸코가 의거한, 원래의 구식 주권론(16세기의 보댕의 주권론)의 의미를 정리하면,

    ① 국가와 그 이외의 생활 사이에서, 즉 정치적(공)과 비정치적 사회영역(사) 사이에 명확하게 경계선을 긋는다(공·사 이원론의 탄생).

    ② 입법자의 의지를 확중하는 것으로 실증적인 법의 개념을 정의한다.

    ③ 본래는 각각에 다른 영역을 갖는 독자의 입법의 권능은 유일한 본원적 권능에 종속시킨다(다원적인 영역주권의 파괴). 그리고 그 본원적 권능이란 입법에 즈음해서 권력을 갖는 주권적 국가의 권능임에 틀림없다.

이와 같이 16세기의 보댕의 국가주권론은 사회의 전 영역을 덮을 만큼의 강함을 갖고 주장되었다. 다만 내면의 자유, 종교의 자유는 보장되었다. 이 종교의 중시는 푸코의 의논에는 등장하지 않는다.

결국 보댕 시대는 국가의 절대적 왕권을 도입했다고 할지라도 국가주권 위에 하나님의 권위가 있음을 자각했던 것이다. 이 자각이 잊혀지면 국가의 절대적 주권 그 자체가 신이 되는 것은 용이하게 추측할 수 있다.

이 사실은 보댕의 뒤의 홉스 그리고 루소의 주권론에서도 역시 그렇다. 신의 권위가 국가를 넘는다, 내지는 국가에 기초를 부여한다는 의미이다. 그러나 지금 포스트모던 사상가의 경우는 어떠할까? 분명히 '신은 죽었다' 고 한 니체의 연장선에서 의논을 전개한다.

그리고 푸코도 그러지만, 그와 같이 '신은 죽었다'는 경우에, 이번에는 인간의 '죽음에로의 공포'와 '삶에로의 희망'이라는 영성적인 면 그 자체의 테마가 국가론 안에서 얽혀서 문제를 보다 복잡하게 한다. 즉 종교적으로 무신론의 입장을 취한 것 같아서, 실제는 뒤에서 자기와 같은 신을 도입하는 것이다. 그때 국가는 생의 모든 영역에서 생사여탈(生死與奪)을 갖고 신과

같이 군립하듯이 보이므로, 그와 같은 권력 장치는 모든 수단을 갖고 파괴하는 것 이외는 다른 방법이 없다.

지금 국가는 인간의 내면에는 들어갈 수 없는 외면적 장치에 지나지 않는, 국가권력에는 처음부터 한계가 있다는 냉정한 자각이 필요하다. 이를 위해서는 '신은 죽었다'는 니체의 허무주의를 서양사상가로부터 위탁 판매하는 것으로 끝내려는 일본의 지적 풍토를 먼저 비판적으로 음미하면서 상대화하는 것이 필요하다.

오늘날, 국가권력의 '강제력'은 어디에?

오늘날에도 주권 권력장치인 국가에 '강제력'은 있지만, 그것은 '국민'이 주권자인 이상 과거와 같은 왕의 전제정치는 이제 있을 수 없다. 더욱 또 하나 16-18세기와 큰 차이는 경제와 시장의 발달이다.

주권이라는 국가의 권력은 각 개인의 인권과 동시에 소유권을 보호하는 것이 중요한 목적이 된다. 자기 혼자서는 지킬 수 없는 생명과 재산소유를 보장하는 일. "신약(信約)의 유효성은 사람들에게 그것을 지키게 하는 데 충분한 사회적 권력의 설립에 의해서만 시작되고, 그것과 동시에 소유권도 역시 시작된다(『리바이어던[Leviathan]』)"는 홉스의 말에는 17세기적 시초가 표현되고 있다.

가족을 개인에 환원하고 그 개인은 소유권을 갖고 노동을 통해서 자유로운 경제활동의 주체가 된다. 18세기 이후의 산업혁명은 자본가와 부르주아 계급을 낳고, 시장경제는 화폐를 중심으로 비약적인 발전을 이루고 있다. 국가는 개인의 자유로운 경제활동을 제한하지 않는 사적인 이익추구를 옹호하고, 오히려 도로, 인프라 정비 등의 산업의 토대 만들기에 전념을 하게 된다.

'사적'인 이익의 추구를 '공적' 기관인 국가가 권력을 갖고 보호한다는 공사의 역할분담, 국익을 침해하는 타국에 대해서는 전쟁도 불사하지 않는다는 제국주의의 시대도 경험했다. 그러나 20세기의 두 번에 거친 대전의 교훈은 국익을 추구한 국가의 타국침략이며, 그 결과로서 국내적인 피폐였다.

따라서 전후, 시장경제의 발전에는 정부의 국민에 대한 간섭은 주로 국민생산을 보호하기 위한 규제, 국제적으로는 자유로운 경쟁적 시장에 대한 규제로서 작용했다. 거기에는 국민에 대한 국가의 '강제력'은 자본가이든 노동자이든 화폐에 의한 국가에의 세금납부의 의무 쪽에 오히려 강하게 나타난다. 이리하여 전후에 복지국가가 탄생하고 국민은 이 조세의 보상을 서비스라는 형태로 환원을 받을 것을 기대했다.

그러나 산업화 사회에서 정보화 사회로 전환함에 따라서 국경을 책정한 규제는 이제 기능하지 않는다. 물류와 다르게 정보는―예를 들면, 인터넷 등―간단히 국경을 넘기 때문이다. 이미 구조상, 중앙정부에 의한 일원적인 강제와 통제는 효과가 없는 시대가 되었다. 특히 복지는 지역마다 다른 필요(needs)가 있어서 지역복지가 중시되므로, 지역주권, 영역주권은 절대적으로 필요하다.

우리 헌법에는 '국민의 엄숙한 신탁'에 의해서 정부를 만든 이상, 먼저는 '신탁'의 발상이 있고, 조세의 납입은 '강제'라 할지라도 국민을 위한 서비스, 공공서비스를 기대하는 납입이다. 국가가 홉스가 예상한 이상으로 거대한 시스템이 된 오늘날, 공공서비스의 제공자는 중앙정부가 아니라, 분권을 두루 미치게 한 이후의 지역정부 이외에는 있을 수 없다.

지역마다의 시민 레벨에서 신뢰관계를 양성한 후에 자치와 계약에 의한 복지정부의 형성, 국가 레벨이 아니라 시민과 지역정부와의 협동에 의한 삶의 요구에 뿌리를 내린 공공의 형성, 이 '공공복지'의 사고야말로 21세기의 일본의 과제가 아닐까?

3. 시민사회와 국가의 구별

여기에서 국가와는 구별해서 새롭게 시민사회를 정의하려고 한다.

2008년의 가을에서 2009년에 거쳐서 일본의 고용과 사회보장의 문제는 크게 부각되었다. 전체 노동자의 약 3분의 1(1,700만 명)이 비정규직 노동자로, 대형자동자산업과 전자회사를 비롯한 생산부분에서 많은 사람이 해고되었다는 보도가 있었기 때문이다. 그 대부분은 연 수입 200만 엔 이하로 살 곳도 잃어버린 사태에 이르렀다. 헌법 제25조의 "① 모든 국민은 건강하게 문화적인 최저한도의 생활을 보낼 권리를 갖는다"는 도대체 어떻게 된 것일까?

고용을 산출하는 기업과 산업의 생산형태, 최저한의 사회보장을 해야 하는 정치와 국가의 모습, 그 어느 쪽에도 균열이 생기지 않은 곳이 없다. 이럴 때에 시민 스스로의 손으로 여기저기에서 '자립생활 서포트'가 NPO 활동 등으로 전개되고 있다. 사회적 케어의 필요성이 상호조직되어 네트워크로서 일어나야할 시대가 되었다. 지금은 사회적 약자를 향한 케어와 지원을 시민 스스로 일어서지 않으면, 이 나라는 조만간 막다른 상태에 빠지는 것은 아닐까? 어느 누구든 언젠가는 고령이 되어 타자의 케어 없이 살아갈 수 없는 때가 오기 때문이다.

케어의 원형은 부모가 자식에 대해 베푸는 애정이다. 일반적으로 복지의 활동에는 인간 마음의 공감과 타자를 배려하는 모럴과 미덕이 동반된다.

복지는 어떤 장소에서 이루어질까? 복지는 누가 담당하는 것일까? 이들 물음에 대해서는 사람과 사람의 관계(consociation)가 존재하는 곳이라고 대답할 것이다. 바꾸어 말하면 '시민사회'라는 의미이다.

'시민사회'라는 말은 서양의 역사의 여러 장면에서 사용되었다. 그러나 여기에서는 그것과는 다른 현대적 의미를 내포한다. 시민사회는 국가에서 파생해 온 사람과 사람의 관계이다. 국가에서 한 단계만큼 '창발(創發)'이 상승한 상태(준안정상태)라는 의미로 사용한다. 사람이 살아가는 시민사회야말로 행복이 달성되는 장소, 영역주권이 지배하는 현장이다.

왜 시민사회를 일부러 국가로부터 구별하고, 국가보다도 창발이 상승한 상태라고 생각할까? 자본주의 사회란 시민사회가 기반이 되어 발전한 것이 아니었다. 분명히 부르주아 시민사회(경제사회)는 그런 것이었다. 그러나 그 이후의 강대한 권력과 관료제 국가화에서, 또 자본주의적 시장화의 협박적 비대화에서, 시민의 자유의 영역은 점점 협소해졌다. 서구 첨단문명이 국가의 권력적 지배와 시장의 욕망적 지배 안으로 삼켜버려졌을 때에, 비국가적이며 비시장적인 인간과 인간이 교류하는 '생활세계'와 서구의 특유의 '자유'는 사라져 버리고 있었다.

이럴 때에 오히려 동유럽의 사람들의 자유의 욕구에서 새로운 시야가 열렸다. 거의 의외이었지만, 지금 여기에서 말하는 '시민사회'의 재검토의 루트는 동유럽의 현대사에 있다. 1980년대 말경부터의 동유럽, 중앙유럽의 민주주의 혁명으로부터 서유럽이 역으로 자극을 받아 '시민사회'를 재발견하고 새롭게 정의했다. 이와 같은 시민사회는 강고하게 존재한 국가(사회주의 국가)에서 자유롭게 되는 시도이다. 또한 모든 것을 화폐적 가치로 치환하는 시장과는 다른 영역이 있음을 재확인했다. 강대한 관료제 국가와 거대한 욕망지배의 시장화 안에서 억눌러졌던 '생활세계'를 회복하는 시도이다. 따라서 서구의 정치철학자로부터 다음과 같은 주장이 나오고 있다.

> '시민사회'라는 말은 비강제적인 인간의 공동사회(association)의 공간의
> 명명이어서 가족, 신앙, 이해, 이데올로기를 위해서 형성되어 이 공간을
> 만족시키는 관계적인 네트워크의 명명이기도 하다. 중앙유럽, 동유럽의
> 반체제 운동은 극히 한정된 형태의 시민사회 중에서 개화되었지만, 그
> 반체제 운동가들에 의해서 만들어진 새로운 민주주의 제국의 최초의 임
> 무는 지적되듯이 네트워크의 재구축이었다. 그 네트워크란 다양한 조
> 합, 교회, 정당 그리고 운동, 생활협동, 조합, 이웃, 학파, 더욱 이것저것
> 을 촉진시키고 방지하는 다양한 공공사회이다.[1]

분명히 이와 같은 네트워크로서의 시민사회의 원형은 근대 국민국가가 등장하는 이전부터 서구에 존재했다. 필자가 지적하는 요하네스 알트하우스의 사회연합체(*consociatio*)는 그러한 것이었다. 다만 서구의 주류의 정치사상은 계몽주의를 거쳐서 보다 개인주의적, 원자론적이며 시장주의적인 시민사회의 방향이었다.

그래서 시민사회를 존재론적 순서로서 강고한 국가의 이후, 국가로부터의 창발로서 비국가적, 비시장적으로 새롭게 이해하는 것은 21세기의 국제사회에서는 크게 이유가 있다. 글로벌 시대란 이질적인 타자와 공존하는 시대이다. 국가의 의미내용의 단순함(주권을 구비한 경계내의 법적 장치)에 비해서 시민사회는 보다 복잡하다. 예상하지 못하는 새로운 네트워크가 점점

---

1 マイケル・ウォルツァー-編著, 石田淳譯, 『グローバルな市民社會に向かって』, 日本經濟
評論社, 2001, 10쪽.

더해지고 이들 다양한 그룹이 때로는 국경도 넘어서 연결되기 때문이다.

민주주의에로의 새로운 물음

더욱 앞의 문장에 이어서 마이클 왈저(Michael Walzer)는 "국가와 시민사회"에 대해서 민주주의와의 관계에서 다음과 같이 기술하고 있다.

> 민주적 국가만이 민주적 시민사회를 창조할 수 있다. 민주적 시민사회만이 민주적 국가를 지원할 수 있다. 민주정치를 가능하게 하는 시민성은 공동사회의 네트워크 안에서만 학습할 수 있다. 이 네트워크를 유지하는, 평등하며 널리 보급된 능력은 민주적 국가에 의해서 양육된다.[2]

이 전반부는 국가와 시민사회의 순서와 역할의 차이를 지적하고 있어서 중요하다. 같은 내용이지만 필자의 공공철학에 기인해서 다음과 같이 바꾸어 말할 수 있다. "민주적 국가만이 민주적 시민사회를 창발할 수 있다. 민주적 시민사회만이 민주적 국가를 끌어당길 수 있다." '끌어당기다'는 표현은 국가의 법적 규제에 의해서 움츠러들어 작아지는 것이 아니라 대화적 의사소통과 모럴에 의해서 사람들에게 활기를 불어 넣는다는 의미이다. 이와 같은 민주적 시민사회의 민주주의의 모습을 필자는 국가 수준의 민주주의와 구별해서 이미 기술했듯이 "숙의민주주의(deliberative democracy)"라고 부른다.

지금, 민주주의를 고찰하는 네 가지 물음과 이유를 열거할 수 있다. 첫째, 원리주의와 독재가 아닌 정치의 형태로서 민주주의란 어떤 것일까? 둘

---

2 マイケル·ウォルツャ-編著, 石田淳譯, 앞의 책, 30쪽.

째, 어떠한 형태의 민주주의가 적합한가? 셋째, 민주주의를 실시할 장소는 어디인가? 넷째, 민주주의의 이념과 실천과의 관계는 어떠할까?

이들 네 가지 물음과 그 이유에 대해서 더욱 주석을 더하면 다음과 같다. 첫째, 일본에서는 전전에 군사독재를 경험하여 파멸에 이른 고통스러운 역사적 경험에 입각해서 무엇을 해야 할까? 둘째, 복지와의 관계에서 언급한 북유럽의 사회민주주의, 미국의 자유민주주의 이외에 일본에 보다 적합한 어떠한 형태의 민주주의가 가능한가? 셋째, 시민사회와 국가를 구별할 때에 각각의 장소에서 민주주의는 어떻게 되는가? 넷째, 끊임없이 지역과 NPO 등을 통해서 실천하면서 민주주의 이론을 문맥에 맞추어 수정하는 것이 가능한가?

국가와 구별하여 시민사회를, 특히 그 모럴의 양성을 강조하는 필자의 입장은 그것이 인간존재의 '존재이유(*raison d'être*)'에 관계한다고 생각하기 때문이다. 사회민주주의를 담당하는 인간유형으로서 이미 언급한 사회과학자 에스핑 앤더슨은 이렇게 기술하고 있다.

> 사회 민주주의적 인간에게는 보이스카우트와 경건한 기독교인과 같이 모두가 좋은 행동을 할 때에는 자신도 좋은 행동을 하고 싶다고 생각하는 경향이 있다. 타인에게 좋은 행동을 하는 것은 자선행위가 아니라 오히려 냉정한 계산에 기초한 행위이다.[3]

"냉정한 계산에 기초한 행위"가 어떤 것인지는 별도로 하고 "모두가 좋은

---

3 G·エスピン-アンデルセン, 渡邊雅男·渡邊景子譯, 『ポスト工業經濟の社會的基礎』, 桜井書店, 2000, 70쪽.

행동을 할 때에는 자신도 좋은 행동을 하고 싶다고 생각하는 경향"이 공유할 수 있는 커뮤니티는 훌륭한 것이 아닌가? 일본에서 그것을 실천할 수 있다면 그것보다 나은 것은 없다. 다만 필자는 일본의 근대사의 경험에서 볼 때, 이것은 통일국가로서 실현하는 것은 무리가 아닌가 생각한다.

다만 과거에 기독교의 "이웃사랑"의 가르침을 모럴로서 가지고 있지 않는 일본사회일지라도 유교가 주장하는 덕목을 시민적 미덕(civic virtue)으로서 재생하는 것은 무리가 아니라고 생각한다. 단지 불행하게도 전후 일본의 경험은 그것과는 역으로 개인주의, 미이즘(meism, 자신 중심주의)의 방향을 막을 수가 없었다. 경제의 신자유주의(neoliberalism) 노선의 파탄이 이것에 박차를 가해서 사회에 불안감을 증대시키고 있다.

불안의 큰 사례로 예를 들면 '왜 사람을 죽여서 안 되는지'라는 윤리적 의문에 충분한 대답을 주지 못하는 사회가 된 현실이 있다. '본인도 살해당하면 좋지 않지요'라는 대답으로 설득할 수 있다는 수준을 넘은 사상이 최근에 증가하고 있다. '나따위 살아있어도 아무런 소용이 없다, 죽어버리고 싶다. 사람을 연행해 가버린다. 누가 죽더라도 상관없다', '사회에 대한 복수다'라는 "묻지마 살인"이 다발하고 있다. '나 따위 살아있어도 아무런 소용이 없다', '살아갈 의미를 모르겠다'는 젊은이가 많아졌다. 살아가는 것에 대한 현실성이 없어진 시대에 우리들은 살고 있다.

물론 어느 시대에도 예외적인 일이 있었으므로 '누가 죽든 상관없었다.' "묻지마 살인"이 현대 일본사회를 특징짓는다고 생각하고 싶지 않다. 다만 문명전체가 기계화되어 '생명의 본질'이 흐려져 '생명 그 자체'에의 사랑과 존중이 희박하게 되었음은 확실하게 말할 수 있다. 일본의 자살자 수도 12년 연속 3만 명을 넘고 있는 상태이다.

그러나 희망이 없는 것은 아니다. 같은 일본사회에서 국제 NGO 등을 통해서 세계의 민중을 위해서 땀을 흘리는 젊은이가 나오기 때문이다. 아프가니스탄에서 위험을 무릅쓰고 "현지인의 웃는 얼굴이 보고 싶다"고 농업지도를 한 사람도 있었다. 2008년 8월에 현지의 무장세력에게 유괴되어 살해당한 이토 가즈야(伊藤和也, 31세)이다. 따라서 역시 이웃사랑의 정신은 지금도 일본에 살아있다고 생각한다. '자기를 사랑하듯이 타자를 사랑한다'는 윤리관은 역시 현대에서도 공유하고 싶고, 공유해야만 한다. 만약 이 윤리관을 공유할 수 없게 될 때는 그것이야말로 '일본이라는 나라가 존재할 가치가 없어질 때'라는 의미일 것이다.

복지장치로서의 국가

윤리적인 것이 기능하고 풍요로운 복지사회를 구축하기 위해서는 어떤 의미에서 규모가 중요하다. 1억 2,000만 명의 인구가 살고 있는 국가 전체에서 하려고 해도 무리이다. 예를 들면, 국민주권이란 본래 국민전원이 함께 모여 의논하여 결정하는 시스템이지만, 그것은 사실상 불가능하다. 인민주권의 제창자인 장 자크 루소가 생존했던 18세기의 제네바 공화국에서는 그것이 가능했는지 모르지만 인구가 기껏해야 2만 명밖에 없었기 때문에 가능했다. 거대한 인구가 살고 있는 현대의 일본에서 그와 같은 시도는 무리이다.

따라서 민주주의의 형태는 국가라는 대규모적인 집합체에서는 대표제 민주주의로 밖에 있을 수 없다. 선택된 극히 일부의 대표자가 '주권'을 구체적으로 행사하는 이외에 방법은 없다. 그러나 그것이 전원의 의지가 된다는 보장은 없다. 그럼 어떻게 하면 좋을까? 만약 이 주권의 행사가 반드시 필요한 경우가 있다고 한다면 그것은 가능한 극히 외면적인 틀의 일로 제한되길 바라는 것이다. 사람들의 생활에 밀착된 일은 여기에서는 다루지 않을 작정이다.

　실제적인 것은 분권화된 장소에서 주민 스스로도 더욱 깊이 파고들어가 숙려하여 토의가 가능한 소규모 사이즈의 장소에서 생활에 밀착된 일을 결정하는 것이다. 최근 자주 예를 들고 있는 '지역주권'이라는 사고도 괜찮다. 주민의 숙려와 토의 형식의 민주주의를 '숙의민주주의'라고 한다면 시민사회에서의 내용이 바로 이것이라고 필자는 생각한다. 주권이 지배하는 국가에서는 대표제 민주주의라는 형태, 시민사회라는 장소에서는 숙의민주주의라는 형태이다. 시민사회는 다양한 조직, 교회, 정당 그리고 운동단체, 생활협동조합, 이웃, 학파 등의 협동사회로 이루어지고, 이들 다중, 다층적인 생의 필요(needs)에 대응해서 영역주권이 부여되는 곳에서 숙의민주주의가 이루어지는 것이다.

　숙의민주주의는 단순히 의회 등에서 형식적으로 의논을 하여 다수결을 취하는 것이 아니라 공공적으로 열린 토의 과정을 통해서, 거기에 참가하는 시민들이 자신의 견해를 변화시켜, 새로운 시좌를 획득함을 포함한다. 토의를 진행하기 위한 조건을 다듬어서 토의에 의해서 얻어진 결론에 정당성을 부여하는 것이 합의되어 있다. 토의를 위해서는 상대를 받아들이는 관용함을 가짐으로 시민적 미덕이 단련되는 장이 되는 것이다.

　시민사회와 국가의 구별의 필요성은 이후의 21세기의 복지사회를 형성해 가는 데에 중요한 과제이다. 다만 전후의 일본의 복지는 헌법 제25조의 생존권에 기초한 복지국가를 지향했던 것도 사실이었다. 그것은 경제성장 노선이 순조롭게 진행되었던 시대에 걸었던 큰 기대이었다. 이후는 시민사회주도로 오히려 국가를 '복지장치'로서 살리는 지혜가 요구된다.

공공복지로

일본의 지방도시에서

공복지가 국가에 의한 복지(조치복지)라고 한다면, 공공복지는 계약제도 하에서의 지역주권의 복지이다. 이것을 지역복지라고 불러도 상관없지만, 공(국가, 지방정부)과 사(개인, 가족)의 책임을 확실하게 하면서 그 위에 다양한 중간집단의 영역주권을 발휘하여 사에서 공으로 매개하는 것, 거기에서 공과 사의 협동을 우애와 연대의 모럴에 의해서 만들어 가는 것을 강조하기 위해서 일부러 지역복지가 아니라 공공복지라고 호칭하고 싶다.

주민과 행정이 대등한 입장에서 공공복지가 실천된 예가 일본의 지방도시에 있다. 제2장에서 언급한 독일의 극진한 복지의 도시 뷀엘은 유럽적인 지방도시에서 가능하게 되었다. 그러나 이하의 나가노(長野)현 치노(茅野)시의 예는 틀림없이 일본의 인구 5만 5천 명의 지방도시에 일어난 일이다.

치노시에 의한 "파트너십 마을 만들기"의 시도에서는 무엇보다도 놀라운 것은 '연 300회를 넘는 회의가 주민과 행정 사이에서 이루어졌다'라는 사실이다. 더욱 주민은 자비 도시락, 즉 자원봉사자이다. 민주주의라는 측면에서 말해도 이것이야말로 바로 일본판 숙의민주주의이다. 필자가 이것

을 일부러 공공복지의 예로 부르는 것은 이것을 추진한 "복지21치노" 대표
간사 츠지하시 젠죠(土橋善藏)의 말이다.

> 그래서 서로 이야기하는 가운데에서 지금의 일본이 너무나도 개인주의
> 적 세상이 되어, 타인을 배려하거나 사람의 생명의 존엄함에 대한 마음
> 이 희박하게 된 것이 지적되었다. 그 근저에는 지금까지의 교육의 잘못
> 이 있는 것은 아닌가라는 의견도 있었다. "옛날에는 좋았다"고 말하지만
> 지금과 같이 지나치게 편리함을 우선시하는 생활에서 개인의 생명에 대
> 한 경외의 생각을 결여한 세상을 만들었던 것은 아닌가. 치노시에 '서로
> 응원하는 마음', '타인을 배려하는 마음'을 어떻게 하면 되찾을 수 있을까
> 를 모두가 생각하고, 시민참가에서 서로 지원하는 복지의 마을 만들기
> 를 창조하고자 "복지21치노"의 첫 걸음이 시작되었다.[1]

'함께 서로 지원하는' 모럴이 있다는 것은 시민운동임을 확실히 알 수 있
다. 반드시 여기에 소개하고 싶다.

1996년 "치노시의 21세기의 복지를 창안하는 모임"이 생겼다. 의사와
자원봉사자 등 시민이 의논에 참가하고, 1999년 2월에 시 독자의 지역복지
계획(복지21비너스플랜)을 만들어 냈다. 치노시의 스타트는 2000년 6월에 개
칭, 개정된 사회복지법을 완전히 앞선 것이었다. 즉 동법에서는 '지역복지'
에 관해서 주민참가가 요구되고 동시에 행정이 적극적으로 받아들이는 의
무가 있다는 것이 강조되고 있다(제4, 107조).

1　土橋善藏·鎌田實·大橋謙策編輯代表, 『福祉21ビーナスプランの挑戰-パートナーシッ
　プのまちづくりと茅野市地域福祉計劃』, 中央法規出版, 2003, 머리말.

치노시에서는 지역복지의 실천에 대해서 자주 그런 것처럼 행정이 형식 뿐인 '계획서'를 작성하는 것이 아니었다. 오히려 시민에의 '지원', 주민이 지역에서 자립생활을 영위하기 위한 지원을 아끼지 않았다.

성공의 배경에는 세 가지의 힘이 있었다.

① 스와(諏訪)중앙병원과 지역의 의사모임을 중심으로 한 재택의료의 실천과 그 실현을 향한 보건, 의료, 복지 관계자의 힘이 있다. 이미 지역 케어를 진행해 왔다.

② 1995년에 탄생한 새로운 시장을 리더로 하여 새로운 지자체 만들기를 착수한 행정직원의 힘이 있다. 특히 '복지·환경·교육'의 생활 소프트 세 분야를 중점과제로 삼고, 민간주도, 행정지원에 의한 파트너십의 마을 만들기를 추진한다.

③ 자원봉사자와 시민활동을 실천하면서 지역 만들기를 진행하는 시민

용어해설

사회복지법 제4조

지역주민, 사회복지를 목적으로 하는 사업을 경영하는 자 및 사회복지에 관한 활동을 하는 자는 상호협력하여 복지서비스를 필요로 하는 지역주민이 지역사회를 구성하는 일원으로서 일상생활을 영위하고 사회, 경제, 문화 그 이외의 모든 분야의 활동에 참가하는 기회가 부여되도록 지역복지의 추진에 노력해야 한다.

용어해설

사회복지법 제107조

시정촌(市町村)은 지방자치 제2조 제4항의 기본구상에 입각하여 지역복지의 추진에 관한 사항으로서 다음에 열거하는 사항을 일체적으로 결정하는 계획을 책정하고, 혹은 변경하고자 할 때는 미리 주민, 사회복지를 목적으로 하는 사업을 경영하는 자 그 이외 사회복지에 관한 활동을 하는 자의 의견을 반영시키기 위해서 필요한 조치를 강구함과 동시에 그 내용을 공표한다.

의 힘이 결집되고 있다. 자신들의 꿈 "모두 같은 하늘 아래"를 실현함을 목표로 "복지21치노"를 조직모체로서 검토조직 3위원회 13부회가 설치되었다. 이것으로 직접적으로 계획책정에 관계하는 시민의 숫자는 연 200명에 넘었다고 한다.

사람들의 생활세계를 구체적으로 '생활권의 구조화'로서 제5층까지 분류했다. 가장 넓은 스와광역권을 제1층으로. 치노시 전역을 제2층, '보건복지 서비스 지역(area)'을 제3층, 대체적으로 소학교를 단위로 하는 제4층, 공민관분관(집락)을 단위로 하는 제5층(실제는 '이웃'단위의 제6층까지도 가능하지만 거기까지는 이 책에서는 언급하지 않는다. 50가족 정도의 '이웃'이 지역복지로서는 가장 유효하게 기능한다는 연구도 있다).

그 위에 각각의 층 가운데에서의 보건복지서비스의 기능과 역할을 명확하게 했다. 제3층의 '보건복지서비스 지역'에서 필요(needs)조사와 사회자원 등을 상세하게 검토한 결과, 시내를 네트워크 생활권으로 위치를 부여했지만, 실제는 어떤 구분을 짓는가에 따라서 주민의 생활감정이 가장 동요하는 바였다. 그래서 케어 매니지먼트 시스템을 기반으로 갖추고, 주민참가를 기본으로 한 복지 커뮤니티를 형성하는 생활권으로 위치를 부여했다.

더욱 이들을 실시하기 위해서 계획을 실시한 첫 해에 해당하는 2000년도를 '지역복지 원년'으로 삼고, 행정에서의 보건복지조직도 종래의 종적이었던 과(課)체제를 통폐합하여 하나의 기간보건복지 서비스 센터와 네 지역에 보건복지 서비스 센터를 설치했다. 센터에서는 ① 아이들, 가정지원센터, ② 지역장애인자립생활지원센터, ③ 복지용구활용센터, ④ 생애학습부추진기구 등, ⑤ 건강관리센터, ⑥ 행정·사회복지협의회의 지역복지추진중앙기능, ⑦ 자원봉사자·시민활동센터의 의무를 종합적으로 처리하고 있다.

또한 장애아의 모친으로부터 "장애아의 경우, 태어났을 때부터 18년 사이에 많은 창구를 전전한다. 보건, 교육, 복지라고 해도 장래에 거쳐서 전망이 있는 상담이 어디에서도 불가능하다"는 소리가 있었다. 그래서 학교교육과 아동복지가 일체가 되어 한 명의 아이와 가정을 지원하기 위해서 아동복지행정과 교육위원회가 일원적으로 계획책정에 착수했다. 더욱 아동학대와 따돌림, 외국국적의 친자(親子), 등교거부 등의 과제에 착수하기 위해서 "교육복지계획"을 책정하여 청내(廳內)에서 교육장을 본부장으로 하는 책정추진조직이 세워졌다.

이런 의욕적인 시도는 하나의 모델케이스로서 연구할 가치가 있다. 바로 시민 자신의 '활동'과 '참가'에 의해서, 복지로 마을 만들기에 성공한 예이다. 인구 5만 5천 명이라는 것은 하나의 기준이 될 것이다.

케어워커의 인격이 관건

아동학대와 따돌림, 외국 국적의 친자(親子), 등교거부 등은 전후의 급격한 고도경제성장을 이룬 일본의 독특한 과제이지만, 동시에 급격한 고령사회도 이후의 일본이 품고 있는 중요한 문제이다. 『복지21비너스 플랜의 도전(福祉21ビーナスプランの挑戰)』의 편집자 중 한 사람인 오오하시 켄사꾸(大橋謙策)는 다른 곳에서 다음과 같이 기술한다.

> 일본, 한국, 중국과 같이 급격하게 소자 고령화(少子高齡化)가 진행하
> 고 있는 나라에서는 소득보장을 축으로 한 사회보장으로는 해결할 수
> 없는 개인적인 소셜 서비스의 정비가 이후 큰 문제가 된다.……그것은
> 경제발전과의 직접적인 상관성으로 파악되는 것이 아니라 사회시스템,
> 사회철학과의 관계 중에서 더욱 제도설계를 생각해야만 하는 과제이

기도 하다.[2]

그렇기 때문에 동아시아의 새로운 사회시스템에 필요한 '박애'정신의 함양과 복지교육의 필요성을 주장한다.

동아시아에서의 박애정신은 전통적으로는 유교와 불교 등의 대종교에 의해서 육성되었다. 그러나 근대에 특유의 보편적인 자본주의, 시장주의에 의해서 거의 '쓸려 내려간' 느낌이 든다. 이미 기술했듯이 시장주의는 '모든 것을 금전으로 환산하는 자기정비시스템'이어서 일견 박애와 필자가 주장하는 우애 등이 들어갈 여지가 없다고 생각할 수 있기 때문이다. 그러나 이것은 '일견' 그러한 것이어서 보다 상세한 철학적인 분석을 거친 결과는 결코 그렇지 않았다는 것이다. 또 치노시의 실천 예도 그것을 나타내고 있다.

그래서 마지막으로 필자의 공공철학의 기본에 있는 다층적인 계층구조(시작하는 글 참조)로 이루어진 창발적 해석학의 견해를 시장과 법률(계약), 도덕, 윤리(케어의 윤리)에 응용해 보려고 한다.

제2장의 "국가, 시장, 가족 그리고 NPO(123쪽)"에서도 언급했듯이 자유주의의 '자기이익추구'에서 사회민주주의적인 '시장적 미덕'을 몸에 익힌 레벨이 반드시 필요하다. 그리고 미덕에 머물지 말고 우애를 적극적으로 몸에 익혔으면 한다. 거기에서 가족애의 확장인 케어, 더욱 사람들로부터 받은 은혜에 대한 응답으로서의 '케어의 윤리'를 자발적으로 몸에 익혀 가는 것이 이후의 복지교육의 과제가 된다.

시장을 주로 하는 경제사회, 법과 계약을 주로 하는 정치사회를 위에서 '끌어당기는' 것이 모럴, 더욱 사람들의 마음에서 발현하는 서로 케어하는

2　「日本社會福祉學會第五七回全國大會·豫稿集」, 2009, 35쪽.

우애의 윤리이다. 이것은 추상적인 이념의 문제가 아니라 직업으로서의 케어워크에 구체적으로 요구되는 내용이다.

예를 들면, '수익을 올리는' 것이 기업의 목적일지라도 물건 만드는 공장이라면 몰라도 대상이 '사람'인 케어워크는 그래서는 안 된다. 일반적으로 '사람'을 상대로 하는 서비스업의 경우, 소비자 내지는 이용자는 만족도가 높으면 지불가능하다면 많은 대금을 지불한다. 여기에서의 문제는 개호와 같은 직종의 경우, 케어서비스 '기업'으로서는 수익을 올리는 행동을 취할지라도 케어하는 대상이 물건이 아니고 인간이므로 서비스를 받을 때에 이용자의 감정면과 영성면(평안)에서의 만족도, '활동'과 '참가'에 나갈 수 있는 기쁨이라는 것으로 평가받아야 한다. 평가받는 것은 케어워커의 '우애'에 충만한 인격이다.

그리고 이용자의 만족도와 기쁨은 반드시 케어워커에게 '되돌아오는' 것이다. 이 '되돌아오는' 것이란 사람을 상대로 하는 일에서 상당히 중요한 점으로 자주 '기쁨을 받는다'는 표현이 되기도 한다. 시스템이 사람을 대상으로 할 때에 나타나는 '쌍방향'이라는 복잡계 나름의 특징이다. 이와 같이 일을 하고 '기쁨을 얻을 수' 있어 보람이 있다는 노동자가 늘어날 것이다. 만약 이 방향의 노동자가 늘어나면 그만큼 노동자의 '노동시장에서의 시간'이 줄어들므로 노동자(케어워커) 자신의 생활도 충실하고 상승효과로서 케어 현장의 만족도가 높아질 것이다.

기업활동, 비록 서비스업일지라도, 상거래에서 요구되는 모럴과 일상의 생활세계에서 요구되는 모럴(미덕이라는 이름의 도덕)과는 다른 것에 주의하길 바란다. 일상에서의 미덕은 대가를 요구하지 않으며 만약 요구한다면 미덕이라고 말할 수 없기 때문이다.

그러나 기업활동의 경우는 대가를 요구하지 않으면 성립하지 않는다.

고전적으로 경제학에서 말하는 호모 에코노미쿠스(경제인)란 각 개인이 '개인의 이익을 추구하는 인간'이며, 그렇게 하고나서야 매크로적으로 경제현상은 잘 되어간다고 여겨지고 있다(다만 이것은 하나의 픽션이지만). 그러므로 서비스업일지라도 그것이 기업활동에서 이루지는 한 일상의 모럴하고는 다르다. 계약관계에서 작용하는 상거래에 대가를 요구하지 않는 모럴(미덕)을 도입하는 것은 어떤 경우에는 혼란을 야기하는 것도 사실이다. 기업이 규정을 준수하고(compliance) 있을지라도 불충분하다. 이들에 입각한 후에 더욱 그것 이상으로 대가를 요구하지 않는 도덕적인 단계에서 그리고 윤리적인 우애라는 단계에서 '끌어당기는' 것이 필요함을 기술하고 싶다. 다른 말로 표현하면 다음과 같다.

일반적인 기업활동조차 모럴없는 '신자유주의' 노선에서는 모든 것이 잘 이루어지지 않고 있음이 확실히 밝혀지고 있다(대학 용어에서는 '모럴없음'은 '가치중립'으로 표현되고, 이것이 오늘날 벽에 부딪치고 있다). 하물며 케어서비스라는 '사람'을 상대로 한 직종에서는 단순히 대가로 표현되는 레벨로 끝나지 않음이 확실하게 있다. 케어워크를 인간의 존중을 지키는 직종으로 성립시키는 것은 '상냥함'이라는 미덕 이외에 무엇이겠는가?

특히 케어서비스 기업에 기대되는 것은 서비스 이용자에게 주는 만족도와 기쁨이다. 서비스 이용자의 만족도와 기쁨을 높이기 위해서는 비품과 도구가 아니라, 반드시 접촉하는 케어워커의 인격을 통하는 것이 필요하다. 이용자가 생활현장에서 의미의 다층적인 계층구조의 전체의 정합성 가운데에서 살아가고 있음을 이해할 수 있는 하트와 아트(기중(기능))를 갖춘 케어워커가 양성되어야만 한다.

그리고 이 하트와 아트는 우애에서 생긴다. 즉 '상냥함'이라는 도덕적 계층에서 '사랑'이라는 윤리적 계층으로 진행하는 것이다. 물론 '엄격함'이라는 도덕적 계층도 있을 수 있지만, '엄격함'은 교사에게는 부과될지라도 케어워커에게는 부과되지 않을 것이다. 모친의 상냥함과 부친의 엄격함은 함께 부모의 사랑에서 발현한다. '사랑'은 세계의 대종교가 반드시 주장하는 것이었다. 불교의 '자비'도 유교의 '인'도 그렇다. 이와 같이 우애로 충만한 사회의 형태는 시장사회, 정치사회 그리고 시민사회에의 창발의 정도가 상승하는 것이다.

동아시아의 전통을 살려서

유교의 '인심(仁心)'은 가족애가 기본으로 거기에서 확장하여 '인애(仁愛)'가 된다. 동시에 유교의 '덕치주의'가 더해서 정치와 함께 작용하는 것이, 특히 일본의 유교복지의 특색이었다. 그것이 국가시스템에 편입된 경우에 예를 들면 전전의 천황에 의한 자혜주의가 된 것이다. 그러나 불교의 '자비의 마음'에는 더욱 개인 수준의 깊이가 보인다.

불교의 복지에는 일본에 오랜 전통이 있고, 이에 대해서는 요시다 큐이치(吉田久一)의 연구서가 상술하고 있다. 무엇보다도 '자비의 마음'은 출발점이 된다. '자(慈)'는 사랑스러움에 의한 우애, '비(悲)'는 타자의 고통에 동정하고, 그것을 구제한다는 어의로부터 '자타불이(自他不二)'가 특징이다. 거기에서의 '자비'는 '주체'와 '대상'은 상관이라기보다 순환의 관계에 있다는 것으로, 개호노동의 현장에 활용된다면 단순히 돌보는 사람과 돌봄을 받는 사람의 관계가 아니다. 도움을 주는 것이 '기쁨을 받는' 것이 된다.

'생로병사'와 인간의 '고통'과 '사랑스러움'을 담당하는 공동체 형성에서 불교의 특색이 있었다. 공생, 공존, 공감, 공유가 불교복지의 특색이며, 이후 특히 일본의 각지에 있는 사원이 중심이 되어 지역복지가 이루어지는 것이 많이 기대된다. 불교의 '연기상관'과 '공존성'은 중요하지만, 근대 복지의 '자립'과 '자율'이라는 사고를 흡수하면서 '공존'을 실현해 가는 것이 필요하게 된다.

불교복지 분야에서 이와 같은 근대 복지에로의 선구적인 활동을 한 인물에 하세가와 료신(長谷川良信)이 있다. 다이쇼 민주주의의 사회사업 성립기에서 '보은행(報恩行)'을 내세운 와타나베 가이교큐(渡邊海旭), 연대공동을 내건 야부키 케이키(矢吹慶輝)와 함께 큰 공헌을 했다. 하세가와 료신은 '감은봉사(感恩奉仕)'를 모토로 1918년에 도쿄 스가모(東京巢鴨)에서 종교대학사회사업연구실의 학생과 함께 세틀먼트(settlement)를 시작했다. 고베에서 빈민가에 몸을 던진 카가와 도요히꼬와 축을 함께하는 활동으로 "서쪽의 카가와", "동쪽의 하세가와"로 불리기도 했다.

그 이후에 시카고, 베를린으로 유학하여, 미국형의 기증적 사회사업과 독일형의 사회정책을 배웠다. 동시에 패전 후는 그가 주최하는 마하야나(マハヤナ)학원 내에 아동복지법에 의한 양호시설을 설립하고, 국가재건의 길은 사회사업, 교육, 종교의 삼자일체에 있다고 확신했다. 다만 어디까지나 민간의 손으로 진척시키는 것을 강조한다.

하세가와 사회사상의 기초는 '사회공제', '공제호혜', '중생보은' 등의 대승불교에 있었다. 일찍이 1919년출판의 『사회사업이란 무엇인가(社會事業とは何ぞや)』에서 다음과 같이 적고 있다.

> 지금의 어려운 실정을 되돌아보니, 부당한 대우를 받는 노동자의 위치를 옹호하기 위해서 자본가의 횡포를 제지하는 것은 옳고 마땅히 해야 할 임무인데 그것은 바로 인도적 공정정신(민주주의)에 기초하고, 천명에 의해서 하는 것이므로 마땅히 해야 할 일을 하는 것에 지나지 않다. 우리는 안중에 자본가도 없고 노동자도 없는 생생하게 진화하는 본체로

서의 혼일사회가 있을 뿐이다. 무엇보다도 사회공동의 복지를 염두에 두고 진척시키려고 한다.[3]

거기에서는 근대사상과 기독교에서도 배울 강한 의지를 읽을 수 있다. 그는 런던 교외에 세틀먼트(settlement)를 만든 아놀드 토인비를 깊이 경모했다고 말한다. 덧붙여서 말하면 세틀먼트를 '인보사업'으로 번역한 것이 하세가와였다.

이제 일본을 넘어 넓게는 동아시아의 전통을 살리면서 시민적 모럴과 우애를 창안하는 데 어떻게 하면 좋을까. 제3장에서 '계약'은 상거래의 계약이 아니라 오히려 사회계약론적인 '신탁'이며, 공공신탁론이 하나님, 부처, 하늘로부터의 시민에의 위탁을 촉구한다고 기술했다. 위탁자(복지실천자)와 수익자(시민) 사이에서의 이웃사랑, 자비의 마음, 인의 마음이 상통하는 복지로 삼고자 하는 것이다.

동아시아의 전통은 어떠한 역할을 완수할까? 필자는 '화'를 존중하는 일본사상을 한 번 더 근저에서 다시 생각할 필요가 있다고 생각한다. 일본의 역사에서 순차적으로 수입된 다층적, 다원적으로 존재하는 유교의 "인", 불교의 "자비", 기독교의 "이웃사랑"에 기초한 시민적 미덕의 양성이다. 마지막으로 데생(dessin)을 보이고자 한다.

"군자는 남들과 화합하지만 항상 동조하지 않는다"

이질적인 '타자'와 대화하며 공존해 가는 데는 자아에 있어서 '관용'의 덕목을 몸에 익히는 것이 중요하다. 자아에 있어서 '자연적인 자아'로부터의

---

3 「社會事業とは何ぞや」, 『長谷川良信選集 上』, 大乘淑德學園出版部, 1973, 134쪽.

전환이 필요하다. 이 '자아의 전환'을 필자는 '자아의 재생(르네상스)'으로 불러왔다. '자아의 재생'은 전통적인 종교(불교, 유교, 기독교, 이슬람교. 힌두교, 신도 등)의 영성이 인도하는 '회심', '각성'의 체험일 것이다. 거기에서 타자에 대한 '관용'의 덕목을 반드시 배울 것이다. 아니 배우지 않으면 안 된다. 시민사회는 각각의 종교와 인문주의가 다원적으로 교육을 통해서 이 '관용'의 미덕을 육성하는 에토스를 부여함을 기대한다.

이질적인 '타자' 그룹과의 사이에서 각각 영역주권을 강조하고, 그 위에 대화에 의해서 '화(和)'를 존중하는 것이 공공권에 있어서의 규칙이 된다.

여기에서는 동아시아의 '화' 사상의 전통이 활용되어야 한다. 『논어』의 "화이부동(和而不同)"은 '화'가 '동'이 되지 않음을 강조한다(君子和而不同, 小人同而不和). 사람들은 같게 되지 않더라도 좋고, 이질적인 '타자'와 공존하지만 대화를 통한 조화를 요구한다. 『예기』와 일본의 쇼토쿠(聖德)太子의 "17조 헌법"의 "화를 무엇보다도 귀중하게 여기다(以和爲貴[이화위귀])"도 이것을 지향했을 것이다.

"17조 헌법(604년)"은 일본에서 최초로 정리된 '나라의 형태'를 나타낸 문서이므로 일본 최고의 정치철학이라고 말할 수 있을지 모른다. 이 '화'가 평화를 의미하는 것이라면 '평화를 귀중하게 여기다'로 시작하는 17조의 헌법은 지금의 일본 헌법의 평화주의와 그 정신에 있어서 동일하게 되지 않을까? 평화와 공생이야말로 21세기 국가의 형태이어야 한다.

"17조 헌법" 제3조에 "천자의 명령을 받으면 항상 공손히 하라. 천자는 하늘이며.…천자의 말에 신하는 따른다. 천자가 도리를 행할 때 신하는 복종한다"로 기록되어 있다. 천황중심의 국가 만들기의 선언으로도 읽을 수 있다. 실제로는 합의제를 중시했다는 해석도 있다. 당시의 호족들이 서로 다투던 때에 먼저 싸움을 그만두고 평화에 따른 나라 만들기를 해야 한다는 국가이상을 가졌던 것이다. 평화의 화, 화해의 화, 조화의 화이다.

그러나 이 모티브가 잘못 사용된다면 '화'는 패거리주의, 진위를 애매하게 한다, 진리를 은폐하고 천황(국가, 상관)에게 순종하도록 한다는 방향으로 가버린다. 일본의 역사에서의 '화'는 어쩐지 후자의 이미지가 강해서 "17조 헌법"도 이러한 이미지에 의해서 규정된 것은 아닌가 생각해 본다. 특히 전후는 전전의 천황절대 이데올로기에의 반동도 있었고, 그것이 강했던 것이다.

그러나 "17조 헌법"의 제1조의 "화를 무엇보다도 귀중하게 여기다"의 '화'와 제10조의 "사람이 자기와 다른 것을 할지라도 화내서는 안 된다"의 '다름(違)'을 합쳐서 생각할 때에는 반드시 그런 방향으로 가지 않는다. 특히 『논어』의 "화합하지만 항상 동조하지 않는다"의 '화'의 의미로 파악한다면 어떨까. 그렇다면 의견이 다르고 같이 않아도 상관없다. 이야기가 잘 되어서 거기에서 조화를 이루도록 노력하라는 의미가 된다.

무리하게 동일하게 하지 않아도 상관없으며 동화되는 것 없이 다른 의견을 존중하라는 것이라면 '화를 무엇보다도 귀중하게 여기다'는 극히 새로운 의미를 띠게 된다. 『논어』에서 '획일화하지만 화합을 이루지 못하다'는 소인의 일이므로 무엇이든지 자신과 같게 하려는 유치한 방법이다. 그 반대의 군자는 '화합하지만 항상 동조하지 않으며', 다른 타자의 의견을 듣고 같지 않아도 상관없지만 다른 이질적인 타자와의 사이에서 대화를 통해서 조화를 촉구하는 그러한 지혜에 충만한 행동을 취한다. 대화를 통한 조화, 이것은 참신하며 스릴감 넘친 해석이다.

'화를 무엇보다 귀중하게 여기다'를 이렇게 해석한다면 일본사상의 전통은 새로운 시점에서 활용될 가능성이 있다.

그리고 더욱 "17조 헌법"의 제9조에 착목하고 싶다. "믿음(信)은 의(義)

의 근본이다. 일마다 신이 있어야 한다. 일의 선악 성패는 반드시 신에 있다. 신하들에게 신(信)이 있다면 무슨 일이든 이루지 못하겠는가. 신하들에게 신(信)이 없다면 만사 실패할 것이다.” 여기에서 ‘신’과 ‘의’는 유교의 덕목(인, 의, 예, 지, 신의 오상)이었다. ‘신’에는 인간사이의 신뢰관계, 성실함의 의미가 있다. 다만 제2조에 “신실하게 삼보(三寶)를 신봉하라. 삼보란 부처와 법리와 승려에 이어서 불교에 높은 위치가 부여되므로 그것을 고려할 필요가 있다. 그렇다면 ‘신’에는 인간관계라는 수평관계의 신뢰와 동시에 인간을 초월한 ‘부처’와 ‘초월’에의 수직적 방향에로, 이른바 신앙의 ‘신’도 포함된다고 이해해도 상관없을 것이다.

이미 일본에서는 『논어』를 비롯한 유교와 더욱 불교를 수입하고, 거기에 더해서 선조의 신을 제사하는 신도도 있었다. 따라서 신·불·유의 중층적, 다층적인 종교적 신앙의 ‘신’을 중시했다는 해석도 가능하다. 이것은 “17조의 헌법”의 새로운 시대에 대처한 다원주의적인 해석이다. “신은 의의 근본이다. 일마다 신이 있어야 한다.” 종래와 같이 천황중심에 천황에 종속된 멸사봉공에 따른 해석이 아닌 해석이다.

일본의 ‘국가 형태’의 시작점에서 이와 같은 신·불·유의 다원적인 종교의 공존이 있고, 더욱 국가의 지도자와 백성이 협력하여 평화와 화해와 조화를 이상으로 하는 사회를 형성하려고 했던 것이다. 이러한 파악은 실제로 창조적이 아닌가? 더욱 한반도로부터의 문화유입, 견수사(遣隋使)를 통한 중국과의 교류라는 전개 가운데에서 일본이 쇼토쿠 태자라는 지도자를 통해서 스스로가 만들어 낸 대규모 계획이다. 연마한다면 오늘날의 세계화 시대에도 통용하는 보편사상이 될 가능성도 있다.

그런데 쇼토쿠태자 이후의 일본의 역사는 ‘신·불·유의 습합’이라는 일원적 동화의 방향으로 흔들리든가 아니면 역으로 ‘신·불·유의 중층’이라는 다원적 공존의 방향으로 흔들리는 것이 있었다고 생각된다. 혼합주의(syncre-tism)인가 다원주의(pluralism)인가. 전국시대에는 새롭게 기독교도 들어오면서(1549년), 다원성은 더욱 증가했다. 신도의 신뿐만 아니라 기독교의 하나님도 더해서 아시아사뿐만 아니라 세계사에도 연결되어 일본사상의 중층성(重層性), 다원성은 더욱 풍요롭게 되었다. 당시 기독교선교사 알렉산드로 발리냐노(Alessandro Valignano) 등은 "일본의 민중은 얼마나 예의가 바른지 유럽민중보다 훨씬 뛰어났다"고 적을 정도이다.

메이지 시대에는 개국에 의한 국제사회와의 교류에 의해서 다원성, 다의성은 더욱 증가했다. 제2의 개국이라고 하는 패전 후는 말할 필요가 없다. 일본은 이와 같이 세계로부터 다양한 사상이 유입되어, 엮어 내는 중층적인 사회이었다. 강하고 수준 높은 일본문화는 여기에서 유래했던 것이다.

21세기 일본은 이 귀중한 일본의 전통을 계승할 것인가 아니면 욕망추구의 시장주의와 경쟁적 원리 가운데에서 점점 생명을 단축하는 방향을 취할 것인가. 모든 것은 이후의 시민의 자각적 판단에 달려있다고 말할 수 있지 않을까.

참고문헌

시작하는 글

竹內孝仁, 『醫療は「生活」に出會えるか』, 醫齒藥出版, 1995.

障害者福祉研究會編, 『ICF國際生活機能分類-國際障害分類改定版』, 中央法
　　規出版, 2002.

稻垣久和, 『宗敎と公共哲學-生活世界のスピリチュアリテイ』, 東京大學出版
　　會, 2004.

제1장 복지에 대해서 생각하다

仲村優一ほか監修, 『エンサイクロペデイア社會福祉學』, 中央法規出版,
　　2007.

G·エスピン-アンデルセン, 岡澤憲芙ほか監譯, 『福祉資本主義の三つの世界-
　　比較福祉國家の理論と動態』, ミネルウァ書房, 2001.

レナード·ショッパ, 野中邦子譯, 『「最後の社會主義國」日本の苦闘』, 毎日新
　　聞社, 2007.

新川敏光, 「福祉國家の危機と再編」, 齋藤純一編著, 『福祉國家/社會的連帶の理由』, 書房, 2004.

齊藤弥生, 「女性環境の整備と福祉」, 岡澤憲芙·連合綜合生活開發研究所編, 『福祉カバナンス宣言-市場と國家を超えて』, 日本經濟評論社, 2007.

北場勉, 『戰後「措置制度」の成立と變容』, 法律文化社, 2005.

阿部志郎·河幹夫, 『人と社會-福祉の心と哲學の丘』, 中央法規出版, 2008.

大原利夫, 「信賴と誠實」の社會保障制度に向けて-「措置から契約へ」さらに「契約から信認へ」, 『週間社會保障』二〇〇七年 六月 四日號, 法研.

宮川透譯, 「統治論」, 大槻春彦 責任編集, 『世界の名著三二ロックヒューム』, 中央公論社, 1980.

Peter Flora "Introduction", *Growth to Limits : The Western European Welfare States Since World War II*, Walter de Gruyter, 1986.

奥村芳孝, 『スウェーデンの高齢者·障害者ケア入門』, 筒井書房, 2005.

アンソニー·ギデンズ·渡邊聰子, 『日本の新たな「第三の道」-市場主義改革と福祉改革の同時推進』, ダイヤモンド社, 2009.

제2장 케어에 대해서 생각하다

Kess Van Kersbergen, *Social Capitalism : A Study of Christian Democracy and the Welfare State*. Routledge, 1995.

P·S·ヘラスム, 稲垣久和·豊川愼譯, 『近代主義とキリスト教-アブラハム·カイパ-の思想』, 教文館, 2002.

永島治郎, 「脱生産主義的福祉國家の可能性」, 廣井良典編, 『「環境と福祉」の統治-持續可能な福祉社會の実現に向けて』, 有斐閣, 2010.

ハンス·ヨナス, 加藤尚武監譯, 『責任という原理-科学技術文明のための倫理

　　　學の試み』, 東信堂, 2000.

橋本孝, 『奇跡の醫療·福祉の町ベーテル-心豊かさを求めて』, 西村書店,
　　　2009.

阿部志郎ほか, 『賀川豊彦を知っていますか-人と信仰と思想』, 教文舘, 2009.

賀川豊彦全集刊行会編, 『賀川豊彦全集第八卷 精神運動と社會運動』, キリス
　　　ト教新聞社, 1964.

杉本貴代榮, 『女性が福祉社會で生きるということ』, 勁草書房, 2008.

M·E·コーラー, 畑祐喜譯, 『ディアコニー共同體-奉仕活動の理論と實踐』, 新
　　　教出版社, 2000.

遠藤興一, 『天皇制慈惠主義の成立』, 學文社, 2010.

マルキ·ド·サド, 澁澤龍彦譯, 『新·サド選集第六 閨房哲學』, 桃源社, 1966.

제3장 공공에 대해서 생각하다

여기에서 필자가 전제로 삼은 공공철학이란 佐々木毅·金泰昌ほか編 『公共
　　　哲學 全二十卷』, 東京大學出版會와 『公共哲學叢書』, 東京大學出版會
　　　및 거기에 관련된 문헌이 묻고 있는 총체. 또 稻垣久和, 『靖國神社「解
　　　放」論-本當の追悼とはなにか？』, 光文社, 2006, 稻垣久和, 『國家·個
　　　人·宗敎-近現代日本の精神』, 講談社, 2007, 山脇直司, 『公共哲學とは
　　　何か』, 筑摩書　房, 2004도 참조.

廣井良典·小林正弥編著, 『持續可能な福祉社會へ-公共性の視座から 第一
　　　卷』, 勁草書房,　2010.

廣井良典, 『コミュニティを問いなおす』, 筑摩書房, 2009.

행복론에 대해서는 아리스토텔레스는 『니코마코스 윤리학』에서 *eudaimonia*
　　　에 대해서 논하고 있다. 이것은 영어로 번역하면 happiness(행복)보다도 오히려 well-being(잘 살아가는 것)에 가까운 개념으로 어느 정도는 객관적으로 논의가능한 개념이다. 그러나 행복은 그렇지 않다. 稻垣久和, 『宗教と公共哲學』, 東京大學出版會, 142쪽 이하, 2004 참조.

中西正司·上野千鶴子, 『當事者主權』, 岩波書店, 2003.

松下圭一, 『市民自治の憲法理論』, 岩波書店, 1975.

ゲオルダ·イエンネク, 芦部信喜ほか譯, 『一般國家學 第三版』, 學陽書房, 1974.

제4장 국가에 대해서 생각하다

ミッシェル·フ-コ-, 石田英敬·小野正嗣譯, 『社會は防衛しなければならない-コレージュ·ド·フランス講義一九七五-一九七六年度』, 筑摩書房, 2007.

マイケル·ウォルツャ-編著, 石田淳譯, 『グローバルな市民社會に向かつて』, 日本經濟評論社, 2001.

熟議民主主義에 대해서는 예를 들면 田村哲樹, 『熟議の理由-民主主義の政治理論』, 勁草書房, 2008 등을 참조.

G·エスピン-アンデルセン, 渡邊雅男·渡邊景子譯, 『ポスト業經濟の社會的基礎』, 桜井書店, 2000.

나가는 글

土橋善藏·鎌田實·大橋謙策編輯代表, 『福祉21ビーナスプランの挑戰-パートナーシップのまちづくりと茅野市地域福祉計劃』, 中央法規出版, 2003.

吉田久一, 『社會福祉と日本の宗教思想-佛教·儒教·キリスト教の福祉思想』,

勁草書房, 2003.

ヴアリニャーノ, 松田毅一ほか譯, 『日本巡察記』, 平凡社, 1973.

岡野守也, 『聖德太子「17條憲法」を讀む-日本の思想』, 大法輪閣, 2003.

金谷治譯註, 『論語』, 子路扁第二三章 「君子和而不同, 小人同而不和」, 岩波
　　書店, 1999.

「日本文化の重層性」에 대해서는 和辻哲郎, 「日本精神」, (『和辻哲郎全集第四
　　卷』, 岩波書店, 1962), 黑住眞, 『複數性の日本思想』, ぺりかん社, 2006
　　년을 참조.

후기

이 책의 원고를 다 마무리했을 때에 정권교체가 있었다. 2009년 8월 말의 총선거는 유권자의 의식이 지금까지와 달리 크게 바뀌어 일본사회의 명확한 전환을 알렸다. 이 책의 출판이 늦어진 것을 다행으로 생각하고 정권교체라는 빅뉴스의 의미를 후기에 삽입할 수 있었다.

새로운 하토야마(鳩山) 내각이 발족되었다. 하토야마 수상은 2009년 9월의 소신표명 연설과 3개월 후의 시정방침 연설에서 '새로운 공공'과 '우애정치', '생명'을 슬로건으로 내걸었다. 전후의 전당정치의 수상으로서는—현실정국은 어쨌든—드물게 높은 정치이념을 내걸고 있다. 이들 정치이념은 필자가 이 책에서 서술한 내용과 중첩하는 부분이 많이 있다. 특히 제2장의 "우애사상의 원점"과 제3장 "공공에 대해서 생각하다"는 그러하다. 그러나 표면상의 유사점이 있음에도 '공공'에 대해서도 '우애'에 대해서도 내용이 상당히 다르다.

이제 2010년 1월 29일의 하토야마 수상 시정방침 연설의 내용을 이 책과의 접점에서 내정(內政)에 한해서 요점을 다루면서 논평하고자 한다.

동 내각이 일가 일번지(一家 一番地)를 내건 '지역주권'은 그것을 주장할 뿐만 아니라 현실적으로 중앙에서의 권력위양과 재원확보를 실천하지 않으면 그림에 떡이 되어 버린다. 또 "자립과 공생을 기본으로 하는 인간다운 사회를 만들고, 지역의 연대를 재생함과 동시에 비대화된 '관(官)'을 슬림화하는 것과 관계를 맺음"을 강조하는 것은 크게 환영하는 바이다. 다만 이 '새로운 공공'에 대한 수상연설의 실천은 공사협동에 의해서만 가능하다. 그리고 '사(私)' 측이 솔선해서 그것을 이루기 위해서는 NPO 등의 '기부세제'의 확립뿐만 아니라 시민활동을 위한 시간이 산출되지 않으면 안 된다. 그것은 기업에서의 남녀 동등한 고용의 확보와 동시에 노동시간의 단축을 실시하지 않으면 실현할 수 없다. 이른바 워크쉐어링이 당연한 사회가 되는 데는 시민 사이에 '우애'의 모럴이 불가결하다. 이것은 정치에 좌우되어서는 어떻게 할 수가 없다. 시민의 자각된 교육에 의존할 수밖에 없다. 다만 정치는 그 법적 정비를 할 수 있으므로 그것을 실천하지 않으면 정권교체의 의미는 반감된다.

'유아양육을 사회전체에서 지원한다', '독거 노인이 누구로부터 도움을 받지 못하고 고독사하는 것을 예방한다'고 말하지만 이를 위해서는 지금까지 사회보장 제도라고 한 '제도'면의 인프라 정비와 동시에 지역의 네트워크가 빠질 수 없다. 이 커뮤니티 형성에도 '연대'와 '우애'의 모럴과 그것을 위한 교육이 필요하다. 지역주권과 민간중간 집단의 자율성 양쪽을 포함하는 '영역주권'이라는 사고방식, 그것을 주장해 온 필자로서는 시민 측의 자치가 지금 이상으로 필요하다고 본다. 그렇지 않으면 '정치주권', '오카미(천황, 국가, 관) 주도'의 형태로 우애사회를 만든다는 등 본말전도의 발상이 되고 말아 다음의 정권교체와 함께 모든 것은 수포로 돌아갈 지도 모른다.

이 책은 이런 문제에 대한 공공철학적 성찰과 제언이다. 대체로 국가에

서 21세기 도입의 시민사회가 어떻게 창발해 오는지에 대한 시도이다. 필자가 잡지 『시대의 법령(時の法令)』(雅粒社刊)에 2007년 4월에서 2009년 3월까지의 2년간에 거쳐 연재한 "'공공'을 생각하다"가 밑바탕이 된다. 이 연재의 복지관계 부분을 중심으로 하여 대폭 개편, 수정, 가필하고 있다. 또 필자가 지금까지 많은 연구자와 함께 연찬해 온 공공철학 교토포럼과 출판 시리즈 『공공철학』 전20권(제3장 참고문헌 모두 참조)의 성과에 입각하면서 이것을 일본의 복지 분야에 적용한 것이다.

이 책이 탈고되기까지 실제로 많은 분의 도움을 받았다. 여기에서 한 사람, 한 사람의 이름을 열거할 수 없지만 감사의 마음을 전하고 싶다. 특히 아베 시로(阿部志郎, 카나가와[神奈川]보건명예학장)에게 '복지의 마음'에 대한 조언을 들었다. 카와 미키오(河幹夫 동대학교수)는 복지의 구조개혁의 배경에 있는 법철학적 의미를 필자에게 깨닫게 해 주었다. 카와씨와의 토론을 통해서는 항상 계발되었고, 출판 즈음에도 중앙법규출판을 소개해 주었다. 동출판기획부의 히다가 유이치로(日高雄一郎)씨에게는 편집 작업과 함께 여러 가지 귀중한 의견을 들었다. 또 도쿄기독교대학에서 함께 연찬하면서 복지전공학과 개설에 노고한 동료 여러분에게 마음으로부터 "감사합니다" 라고 전하고 싶다.

이나가키 히사가즈

옮긴이 후기

국정원의 대선 개입을 성토하는 촛불 집회와 철도, 가스, 방송 등의 국가 기간망에 대한 민영화 추진을 둘러싼 찬반논의 그리고 지역공동체를 위한 마을 만들기 전국 연합회 개최, 문화적 삶을 합리적으로 풍요롭고 여유롭게 보내기 위한 저작권의 제도화 문제, 지방자치 시대에 따른 국토의 균형 있는 발전과 분권, 보편적 복지와 선택적 복지의 찬반토론, 더욱 지난 2월에 공공(철)학회가 깃발을 내건 등의 일련의 현상의 공통분모는 공공성이다. 이 공공성의 지평이 사회 전 영역으로 확대되길 지향하는 것이 바로 공공철학이다.

저자는 일본의 공공철학이 태동할 때부터 참여한 공공철학자이다. 저자는 일본의 공공철학의 대안인 정부의 공(公), 민(사람들의)의 공공(公共), 사적(私的) 영역의 상관관계와 활사개공(活私開公)이라는 이념에 아브라함 카이퍼의 영역주권론을 더해서 저자 나름의 공공철학의 틀을 구축했다. 그래서 이 책은 공공철학을 잣대로 삼아 복지사회(계약제도)를 전망하면서 인격과 교양 있는 시민이 참여하는 공공복지를 제안한다. 다시 말하면 국가주도의 일방적 공적 복지(조치제도)를 반대한다. 그리고 정의의 윤리와는 달리 케어의 윤리와 연대의 윤리에 기초한 공공복지야말로 일본에서 살아가는 시민들에게 긴요한 문제라고 주창한다. 더욱 일과 생활과 참가의 균형을 바라는 저자는 고복지 고부담의 북유럽형을 예로 들면서 일본의 복지 현황을 진단하고 고복지, 중부담을 제안한다.

어쨌든 이 책은 롤즈의 정의론이 말하는 공정한 분배를 철학적 기초로 삼고 있는 사회복지철학에 새로운 전환을 촉구한다. 복지는 자기실현의 기회를 창출하고 타자를 배려하는 케어가 되어야 하며, 단순히 공정한 분배에 초점을 맞춘 보편적 양적 복지를 둘러 싼 갑론을박(甲論乙駁)의 논쟁으로 시간과 정열을 낭비하는 것을 경계하고 있다.

5년 전, 저자의 옥저를 번역하기로 한 약속을(비록 다른 책이지만) 이제야 지켜 빚을 탕감한 것 같아 한시름 덜었다. 출판날짜를 맞추려고 애써 준 김지혜 편집 담당자, 이 책의 가치를 높이 평가하여 출판과 동시에 대학교 교재로 사용하기로 한 경북대학교 이광석 교수에게 감사의 마음을 전하고 싶다.

2013년 8월

성현창